同济大学经济与管理学院资助出版
中央高校基本科研业务费专项基金资助

上海城乡统筹发展调查与评价

施建刚　唐代中　黎　琳　毛剑豪　著

同济大学出版社
TONGJI UNIVERSITY PRESS

前 言

上海的城镇化发展一直处在较高的水平，同发达国家或地区已基本处于同一层面。然而，上海高速的城镇化进程也暴露出各类城乡发展失衡的问题，包括城乡居民社会地位不平等、城乡收入差距过大、城乡公共服务不平衡等。

为了客观评价上海城乡统筹发展的状况，为政府相关部门的进一步决策提供参考，本书通过问卷调查、实地调研、文献研究等方式，综合分析和评价当前上海城乡统筹发展水平，总结发展得失，力求发现和归纳其中出现的主要问题，提出有针对性的建议。

本书主要内容包括：

第一，深入分析国内外城乡统筹发展的有关研究，在广泛借鉴国内外相关研究成果的基础上，构建本书的研究内容、方法及思路。

第二，在综合分析上海城市发展及城乡统筹实际情况的基础上，提炼出涉及经济、社会和生态三个方面，包含经济发展水平、居民生活质量、基本公共服务、社会保障体系、市容环境和基础设施建设六个维度的若干代表性问题，构建了上海城乡统筹发展的综合评价指标体系，并设计了“上海城乡统筹发展情况调查问卷”。

第三，从 2017 年 7 月 4 日到 8 月 18 日，本书研究人员在上海通过问卷星网络平台和实地走访调查，共发放调查问卷 1500 份，回收有效问卷 1449 份。其中，郊区非新城（位于外环线及郊区新城之外）840 份，郊区新城 258 份，中心城区 351 份。总体上，郊区与中心城区的样本数量分布比例约为 3 : 1，与郊区和中心城区的居住人口比例接近，因此，调查抽样基本能反映上海城市统筹发展实际情况。

第四，通过定性分析、定量分析、文献回顾法和比较法等研究方法，对 1449 份有效问卷进行了深入分析。首先，分析了近 3~5 年上海居民在城乡发展中的受益情况。其次，依次从经济发展水平、社会发展水平、生态环境发展水平这三个维度对上海城乡统筹发展水平进行整体评价。结果表明：上海城乡发展整体评价最低的五个指标是垃圾分类、车位配置数量、空气质量、水污染治理情况和收入水平，上海城乡居民评价差异最大的五个指标是地铁网络密度、“最后一公里覆盖”、医疗技术水平、商业购物设施和金融服务设施。再次，从区域城乡统筹发展的角度，对比分析了不同区域的中心城区和郊区非新城、郊区新城和郊区非新城在经济发展、生活质量、公共服务、市容环境、社会保障和基础设施六个方面的发展差异。结果表明：闵行的中心城区在各维度上发展都好于郊区非新城，两者在基础设施和公共服务方面差距尤为突出；嘉定、奉贤和松江这三个区的郊区新城发展明显好于其郊区非新城，需要进一步统筹发展；金山和青浦的新城和非新城整体发展差距不大；崇明新城和非新城几乎没有区别，且其整体与其他区在经济发展和公共服务两个方面存在较大差距；宝山郊区的居民评价普遍高于其中心城区；除居民生活质量之外，浦东临港新城的居民评价在其他五个维度上都高于其中心城区。

第五，总结了上海城市发展及城乡统筹发展中存在的主要问题，借鉴了国内外城市发展管理的相关先进经验，从生态环境和公共服务两个角度，以及空气污染治理、垃圾分类、水污染治理、交通拥堵、停车难问题、城乡医疗资源统筹六个方面，提出了有针对性的政策建议，以供相关部门参考。

由于作者的学术水平和能力有限，书中不足之处在所难免，敬请读者们给予批评指正。

作者

2018 年 8 月 31 日

目 录

第 1 章　绪　论

1.1　研究背景

城乡关系是世界各国在发展过程中不可避免、需要协调与处理的重要问题。纵观世界各个国家的发展历程，大多数国家都为了加快现代化、工业化与城市化进程而选择“城市偏向”的发展战略，也就是将资本、劳动力、土地等诸多发展所需的必要资源向城市倾斜或集中。同样，我国在发展历程中，也将北京、上海、深圳等城市作为重点发展对象，这些城市也因此取得较好的发展成果。以上海为例，自有数据记录以来，上海的城镇化发展一直处在较高的水平，早在 1990 年，其城镇化率便已达到约 67.36%，到 2016 年这一指标达到约 87.6%，同发达国家或地区已基本处在同一层面。然而，我国高速的城市化进程也暴露出各类城乡发展失衡的问题，包括城乡居民社会地位不平等、城乡收入差距过大、城乡公共服务不平衡等。上述问题的出现要求社会各界对城乡关系进行更为深入的研究，并找到造成城乡发展失衡现象的根源，从而寻找到切实有效的解决办法。

一般而言，我国的城乡发展过程基本可归纳为如下三个阶段：

1）城乡二元结构的形成与固化阶段（1949—1978 年）

中华人民共和国成立初期，我国完成了针对农业、手工业和资本主义工商业的社会主义三大改造，城乡间在人口、经济等方面都经历一段时期的共同发展。然而自 1953 年起，国家开始逐步对城乡间的资本、人口、土地等生产要素采取限制流动的措施，在城乡间人为造成“工农业剪刀差”的结果，城乡二元结构逐渐形成。到 1958 年，我国正式推出“户口”制度，并将其与住房、教育、医疗卫生和社会保障等配套制度挂钩，这一城乡二元户籍制度的出台则进一步限制了城乡人口的自由流动。至此，我国城乡二元结构已经正式形成并且逐渐固化。

2）城乡二元结构的松动与反复阶段（1979—2002 年）

1979—1985 年，随着家庭联产承包责任制的实施，农民的生产积极性被极大地调动起来，农村劳动生产力得到解放。在这一时期，中央开始关注农村发展问题，并连续五年发布以农业、农村和农民为主题的“一号文件”，对农村改革和农业发展作出具体部署。此外，国家统购统销制度开始被废除，城乡间商品逐渐恢复自由流动。因此在这一时期，农业发展形势良好，农民收入明显提高，我国城乡二元结构逐渐产生松动。

然而在1986—2002年期间，由于社会主义现代化建设的需要，我国加快经济体制改革，并将城乡发展的重心逐步向城市转移。在这一时期，农村的资本与生产要素单方面向城市和工业部门集中，然而城市和工业部门对农村的反哺则相对不足。因此在推动城镇化快速发展的同时形成城乡发展失衡的现象，出现如农民失地、农村空心化等极其严峻的社会问题。至此，我国城乡发展再度失衡，城乡二元结构又有所恢复。

3）城乡统筹发展的全面实施阶段（2003年至今）

在这一时期，面对我国城乡发展长期失衡的严峻形势，政府决心协调处理城乡矛盾，缩小城乡发展差距。2003年，党的十六届三中全会首次提出“五个统筹”的发展机制，我国便开始大规模的城乡统筹实践探索。随后十余年我国从财政支出、农业税收、社会保障和教育医疗等多个方面出台相关的惠农政策，逐步推动农村经济社会发展；2012年，党的“十八大”报告明确提出，我国应“坚持走中国特色新型工业化、信息化、城镇化、农业现代化道路”，并将“统筹城乡”作为新型城镇化的指导思想。随着我国城乡发展模式从传统城镇化向新型城镇化转变，以工促农、以城带乡、工农互惠、城乡一体的新型城乡工农关系开始形成，城乡失衡的局面逐步得到扭转，我国正式迈入城乡统筹发展的新阶段；2017年，党的“十九大”报告也提出，要在全面建成小康社会的基础上，显著缩小城乡发展差距和居民生活水平差距，并健全城乡融合发展体制机制和政策体系。

伴随着国家城乡统筹发展战略的实施，上海市政府也随之出台了一系列指导性意见与规划。2002年，上海首次召开郊区工作会议；2009年，上海市委专题研究农村改革发展问题并提出实施意见；2010年以来，上海市委、市政府密集出台了一系列与郊区城乡统筹发展密切相关的政策措施；2011年年底发布《关于本市加快城乡一体化发展的若干意见》；2012 年年初发布《上海推进城乡一体化发展“十二五”规划》；2013 年发布《上海推进城乡一体化发展三年行动计划（2013 年—2015 年）》；2015 年发布《关于推动新型城镇化建设促进本市城乡发展一体化的若干意见》，并陆续出台与之配套的 21 个政策性文件；2016 年年末发布《上海推进城乡一体化发展“十三五”规划》。

在上述政策性文件的引领下，上海市政府也适时地将发展的重点转向郊区，对郊区农村各领域建设的财政投入和政策支持的力度明显加大。从客观的数据看，包括农村居民收入水平、农村家庭耐用品数量、农村各类基础设施完善程度在内的指标都有大幅度的增长，这表明经过十多年的实践，上海郊区的城镇化进程一直处在加速的过程。但从主观的角度看，当前上海城乡统筹发展的水平到底如何，上海居民是否能够切身感受到城乡间经历的统筹发展，以及政府在发展的政策与战略上应该怎样进一步改进和提升，这一系列问题很难仅仅用宏观的统计年鉴数据进行刻画。因此从上海居民的视角下对上海城乡统筹发展的水平进行研究势必将成为一项很有必要且十分重要的课题。

1.2　研究目的和意义

1.2.1　研究目的

本书的课题研究力图在国内外已有研究和相关理论的基础上，通过问卷调查、实地走访等多种形式的结合，获取翔实的实地调查数据；通过定量分析对近年来上海城乡统筹发展水平进行客观的评价；根据评价的结论以及其他城市的统筹经验的借鉴，为政府相关决策部门提供能够切实有效提升上海城乡统筹发展水平的政策建议。

1.2.2　研究意义

本书通过对上海城乡统筹发展情况的调查和分析，得出相关结论并为政府相关决策部门提供政策建议，因此具备很强的理论与实践意义。

1）理论意义

本书基于对国内外已有相关文献的梳理，在对城乡统筹发展相关含义充分理解的基础上，从自身的研究视角出发，对城乡统筹发展的相关概念及其内涵进行再认识，为科学地衡量与评价城乡统筹发展水平提供客观的标准和充分的依据。在此基础上，本书系统科学地选择评价指标、构建评价指标体系、设计调查问卷等，并提出提升上海城乡统筹发展水平的政策建议，形成了较为完整的研究知识体系，这对于城乡统筹发展的相关理论研究有所补充。

2）实践意义

一方面，本书为正确认识当前上海城乡统筹发展的真实情况提供了参考。传统意义上对城乡统筹发展水平的评价大多基于客观数据，而本书中课题研究则通过问卷调查、实地走访等方式获取大量居民的主观数据，在一定程度上能够作为客观数据的补充与支撑。另一方面，本书能够为上海下一阶段城乡统筹发展的整体实践方向提供参考建议，有助于上海城乡统筹发展水平的进一步提高。本书中课题研究在全面客观地掌握上海当前阶段城乡统筹发展的水平及所存在的问题后，为提高上海城乡统筹发展水平提出一系列政策建议。

1.3 研究内容与研究方法

1.3.1 研究内容

（1）阐明本书研究的背景、研究目的与意义，阐述研究的内容、主要研究方法和整体的技术路线。为全书的论述提供研究背景并指明研究方向。

（2）城乡统筹发展的相关研究综述。按照历史发展脉络的时间先后顺序，分别对国内外城乡统筹发展领域的相关研究进行介绍和归纳，作为后续调研及研究过程中的主要依据。

（3）上海城乡统筹发展水平调查及分析。鉴于本次研究主要采用问卷调查为主、实地走访为辅的方式，因此，本章首先介绍问卷调查的背景与问卷设计的思路；其次介绍问卷调查所采取的方式及最终的回收情况；最后对问卷调查的一千余份有效调查样本的基本情况进行简要的归纳与分析。

（4）上海城乡统筹发展水平整体评价。首先分析了近 3~5 年来上海居民在城乡发展中的受益情况；然后，依次从经济发展水平、社会发展水平、生态环境发展水平三个维度对上海城乡统筹发展水平进行整体评价。

（5）上海城乡统筹发展水平区域评价。从区域城乡统筹发展的角度，对比分析不同区域的中心城区和郊区非新城、郊区新城和郊区非新城，在经济发展、生活质量、公共服务、市容环境、社会保障和基础设施六个方面的发展差异。

（6）国内外城市城乡统筹发展的经验借鉴。主要对国内外城市在实施城乡统筹发展的过程中采取的有效措施或方法进行归纳总结，为上海进一步推进城乡统筹发展提供有效的经验借鉴。

（7）调研结论与政策建议。首先总结了上海城乡统筹发展调研中发现的主要问题；然后结合实际情况及国内外城市城乡统筹发展的经验，针对性地提出了上海城乡统筹发展的相关政策建议，以供相关部门决策参考。

根据上述的研究内容，本书形成的技术路线如图 1–1 所示。

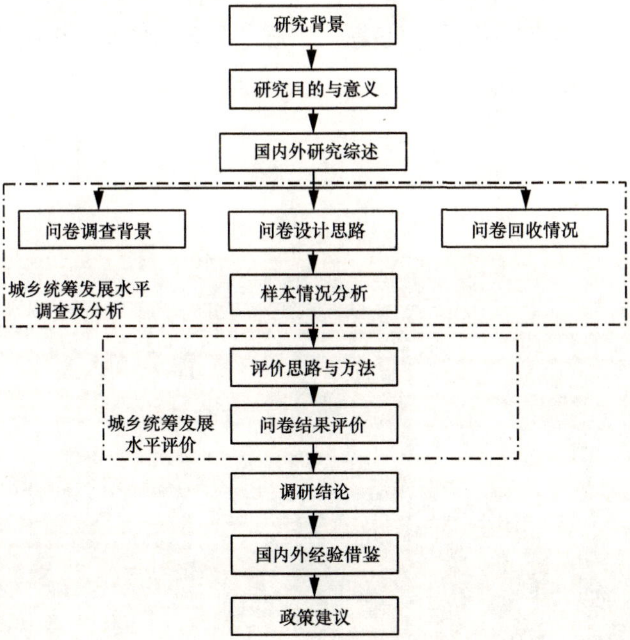

图 1–1　研究技术路线

1.3.2 研究方法

本次研究主要采取以下三种方法：

1）实证研究法

在理论分析的基础上，依据由问卷调查、实地走访等方式所获取的一手数据，对上海城乡统筹发展的水平进行实证分析，从而获得对上海城乡统筹发展情况最为客观翔实的评价。

2）定量研究法

采取包括描述性统计在内的定量分析方法，对获取的一系列数据进行分析，以全面了解上海城乡统筹发展的实际水平。而在定量研究的过程中，对样本的特征与结论进行进一步分类分析，将有助于精确定位上海城乡统筹发展过程中面临的痛点与难点，并能够有效提高本书研究成果的科学性和可靠性。

3）策略研究法

根据评价结果，在借鉴国内外典型城市城乡统筹发展经验的基础上，以《上海城乡发展“十三五”规划》等政策性文件提出的目标为导向，针对上海城乡统筹发展过程中所存在的不足之处提出改进的策略，并提供相应的政策建议，以供政府相关部门决策参考。

第 2 章　城乡统筹发展的相关研究综述

2.1　国外相关研究综述

城乡统筹发展作为一个具有一定中国特色的词语，在国外学者的研究中更多的是以城乡关系演变这一主题出现。事实上，西方社会城乡关系演变的历程相对较长，因此已有的相关研究较为充分。借鉴王华、陈烈等学者的研究，本书将国外相关的文献及著作资料划分为三个阶段：第一阶段为 1950—1980 年，第二阶段为 1981—2000 年，第三阶段为 2001—2017 年，分别对国外相关研究进行介绍。

事实上早在第一阶段前已经有许多学者对城乡关系产生初步构想，如圣西门、傅里叶在空想社会主义中就对城乡一体发展进行了思考；霍华德、赖特等人主张城乡应采取整体的、有机的、协调的发展模式；而马克思则认为未来的城乡对立必然会被消除。然而与这些构想不同的是，多数国家在城市化进程中采取将农村农业部门的剩余资源、资本及劳动力大量向城市工业部门转移的方式。这种城乡二元结构体系造成城乡间巨大的发展鸿沟，随后也受到许多学者批驳（Jorgenson & Griliches，1967；Todaro，1969）。在这种情况下，Friedmann（1966）与 Boudeville（1968）分别提出“核心—边缘理论”与“增长极理论”，认为一国的发展应当从核心城市或地区开始，并将发展效应通过“涓滴效应”，自然地或是受引导地扩散至中小城市及乡村地区，最终实现地域间的均衡，这就形成早期的城乡统筹观点。Lipton（1977）将上述自上而下（Top-Down）的城乡统筹模式界定为“城市偏向”（Urban Bias），本质上是利用城镇化阶段城市高速发展的效果外溢带动乡村发展。但事实证明这一方式往往会造成穷人更穷，而且还可能引起乡村地区内部发展的不平等。对此，Friedmann & Douglass（1978）提出自下而上（Bottom-Up）的城乡统筹模式，即将发展的关键要素嵌入乡村地区，城市则应作为非农业和行政管理功能的主要场所，而不是作为一个增长极。这两类城乡统筹的模式也成为当时学术界的主流观点。

在这一阶段，学者们也逐渐从微观层面上关注城乡关系，并开始研究城市与乡村间诸如人口迁徙（Abu-Lughod，1964；Schultz，1971）、劳动力流动（Harris & Todaro，1970；Friedmann & Sullivan，1974）、环境变化（Buttel & Flinn，1974；Tremblay & Dunlap，1978）等实际问题。

在第二阶段，许多发展中国家在快速城镇化的过程中忽视了乡村地区的发展，甚至一味攫取农村的资源，因此纷纷遇到城乡矛盾加剧的问题。此时的学者们大多认识到“自上而下”的城乡统筹模式并不具备可持续性，并且他们批驳了Stöhr & Taylor（1981）基于“自下而上”模式提出的“选择性空间封闭”理论，认为其忽略了城市对农村的辐射带动作用。故这一阶段的理论大多寻求城乡间的平衡发展。Rondinelli & Evans（1983）提出的“次级城市发展战略”认为，应建立一个完整的“大城市—小城市—农村”的次级城市体系。Douglass（1998）提出的“区域网络模型”认为，应当通过许多具备地方文化与特征的小城镇建立簇群（Clustering）进而形成城市网络（Network），而不应选定单个的大城市作为区域的综合性中心。Gottmann（1987）提出的Megalopolis理论，McGee（1989）提出的Desakota Region理论与Peirce（1993）提出的Citistate理论则对区域城乡空间结构的演化进行了归纳总结。

而在微观层面，基于上述理论背景，学者们认为在实施城乡统筹时应重点关注乡村地区的发展，具体方式包括：扶植乡镇企业（Keeble & Tyler，1995）、提升劳动力教育水平（Rodriguez & Smith，1994）以及完善城乡间交通运输网络（Lin，1999）等。

在第三阶段，城乡关系的研究逐渐从静态向动态的方向演变。随着Castells（1989）提出的流空间（Space of Flows）概念，城乡关系打破了传统地理学上的界限。这一阶段诞生了大量关于城乡之间“联系”与“流”的理论。Tacoli（2003）在回顾大量城乡相互作用的研究后认为，中小城镇是推动乡村和城市协同发展以及缓解贫困问题的重要载体，并提出城乡连续体（The Rural-Urban Continuum）的概念。Lynch（2004）认为，城乡关系的本质就是各种“流”（包括食物流、资源流、人流、观念流及资金流等）在城乡间相互作用产生的影响效应，并引入城乡动力学（Rural-Urban Dynamics）的概念。由此，城乡统筹问题就被置于系统动力学的视角下，为学者们的后续研究提供了全新的思路。

而在这一阶段，微观层面的研究随着数学、社会学、人文学等多学科交叉而有所创新，研究的主题也更为系统与翔实。从研究的方法上看，主要有抽象的理论演绎（Partridge et al.，2010）与规范的实证分析（Bah，2012）；从研究的对象上看，既有对发展中国家的研究（Owusu，2005），也有对发达国家的研究（Courtney et al.，2007）；从研究的内容上看，涉及城乡统筹的影响因素（Braun，2007）、动力机制（Liu et al.，2013）及统筹的方式方法（Ann et al.，2015）等。

2.2　国内相关研究综述

相较于国外，我国开展城乡统筹发展相关研究的时间较晚，当然研究内容大致也可分为两个阶段：第一阶段为 1978—2000 年，第二阶段为 2000—2017 年。

第一阶段始于改革开放初期，当时我国学术界对城乡统筹发展的研究还处于对其理论与实践等基础问题的初步摸索阶段。20 世纪 80 年代是我国城乡统筹发展相关研究的起步阶段。陈城（1984）与戴式祖（1988）等是较早一批提出城乡一体化路径探索问题的学者，他们大多认为，城乡一体化既是我国的发展目标，又是我国的发展道路，它不仅是对国内外城乡建设已有经验的高度概括，而且对发展生产力、建设有中国特色的社会主义具有重大意义。到 90 年代，我国学术界开始对城乡统筹发展有了较为清晰的理论认识，城乡统筹这一完整的概念也在该时期被逐渐提出。从具体的研究内容来看，这一时期学者们关注的焦点主要包括城乡统筹发展的路径探索与方式选择（李迎生，1990；杨善民，1990）、城乡间的劳动力就业（马清学，1992；任扶善，1995）以及各个地区实施城乡统筹发展的经验总结（过维钧，1991；马恩成，1995；张叶，1999）等。

第二阶段则是始于 21 世纪初。在 2000 年以后，城乡统筹发展的概念已为我国学术界所熟知，在 2003 年，我国开始全面实施城乡统筹发展战略后，有关城乡统筹发展的各类研究逐渐成为不同学科研究者的研究重点。从研究视角来看，城乡统筹发展相关研究视角包括理论视角（胡进详，2004；王华、陈烈，2006；刘荣增，2008）、规划视角（赵英丽，2006；陈鹏，2010）、经济视角（朱允卫、黄祖辉，2006；程开明，2008）和社会发展视角（章也微，2005；李海金，2007）等。

在上述诸多学者各个维度的研究内容中，还包括对城乡统筹发展水平的研究，主要研究内容包括城乡统筹发展的指标体系（杨振宁，2008）、城乡统筹发展的综合水平评价（李岳云等，2004）、政府实施效率（潘竟虎、尹君，2011）等。此外还包括对城乡发展的主观满意度的研究，而这一部分研究内容则与本研究有非常紧密的联系。目前来看，学者们往往是从某一特定角度对某一区域进行实地调查，以此反映该地区实际的城乡统筹发展水平，选择的切入点大多为居民生活视角。第一，从研究对象上来看，学者们大致将研究对象分为城市居民和农村居民两类。如雷弢和孙龙（2004）就以1990年和2001年两次抽样调查的数据对这一时期北京城市居民生活质量的变化进行了比较分析；李银星（2006）则通过对吉林省9个乡镇农村居民生活质量的调查数据，分析该省农村居民的总体生活质量。第二，从研究方式上来看，学者们大多采用的是问卷调查形式，例如陈世平和乐国安（2001）通过对天津市227名居民的问卷调查，分析城市居民生活满意度的状况和影响因素；胡荣华和陈琰（2012）则基于江苏省1121个农村居民的调查数据，研究当地农村居民的生活满意度状况。第三，从指标体系构建上来看，由于学者们对城乡统筹发展的概念界定不一，因此选择的指标也更为多样化。例如王婷（2008）通过经济、社会与人口结构等角度选择衡量指标，考察浙江省的城乡统筹发展水平并提出了相关政策和建议；曹杨等（2011）从地区经济发展、城市化发展以及公共服务共三个方面八项具体指标来刻画城乡统筹发展；杜茂华和刘锡荣（2010）则按照协调性、全面性、多元化的原则，从经济发展、社会发展、基础设施与生态环境建设及规划与管理四个方面共10个二级指标、33个三级指标来评价城乡统筹发展。第四，从权重确定方法上来看，学者们普遍采用的方法包括层次分析法（黄庆华等，2012）、主成分分析法（陈美婷等，2014）、因子分析法（高燕飞，2013）等。

2.3 相关研究评述

总的来说，国外学者对城乡统筹发展的研究主要经历三个阶段，由于研究开始的时间较早，因此无论从研究的深度或是广度来看都已经较为完善。国内对城乡统筹发展的研究虽然开展得较晚，但由于城乡统筹一直是社会各界讨论的热点与焦点问题，因此近十年来的相关研究已经逐步深入。特别是国内已经有许多学者开展关于城乡发展的主观满意度的研究，虽然目前来看学术界还非常缺乏专门针对我国大城市城乡统筹发展水平的调研，但是已有的研究内容已经涵盖包括城乡居民生活质量、生活水平和生活满意度等与城乡统筹发展水平密切相关的内容，并且无论从研究方法、指标体系的构建还是权重的确定上来看，相关的研究已经较为充分与完善。这些既有研究能够对开展本研究后续实地调查等内容提供相当有益的参考。

2.4　本章小结

本章按照历史发展脉络的时间先后顺序，分别对国外和国内城乡统筹发展领域的相关研究进行了具体的介绍和详细的归纳，分析这一研究领域的发展历史和研究进展、已取得的主要研究成果以及可能的发展趋势。

本章第一部分研究的是国外相关文献综述。较早时期国外有关城乡统筹发展的研究主要针对西方发达国家早期工业化、城市化的进程之中产生的城乡差距拉大、城乡开始分离对立的现实，分析产生这些现象的深层原因以及相应的解决途径；20 世纪中期以来，包括以发展经济学、区域经济学等为代表的经济学家在内的众多学者，从不同学科的视角针对不同区域的城乡发展问题展开了丰富的研究；而进入 21 世纪后，学者们更加关注各国的城乡发展在全球快速城市化的重要背景下所发生的新趋势和新变化，纷纷对区域发展、社会发展、环境发展等各领域的城乡统筹发展课题展开具体的研究，重点关注了城乡人口迁移、城乡土地利用等相关主题。

本章的第二部分研究的是国内相关文献综述。首先介绍改革开放初期的城乡统筹发展研究，包括对城乡发展路径、劳动力就业问题的探索以及实践经验的总结等；然后总结了 21 世纪以来的城乡统筹发展研究，包括对城乡统筹发展内涵机制、已有理论等的探讨，对国内外城乡统筹的实践经验的系统总结，从规划的视角进行城乡统筹规划的研究，以经济发展的视角进行定量和定性的分析研究，从社会发展的角度对包括劳动力就业、医疗卫生、社会保障等公共服务领域的城乡统筹发展的探究等；最后着重对城乡统筹发展水平的相关文献进行研究总结，发现现有的对城乡统筹发展水平的研究已经在研究对象、研究方式、指标体系构建及权重确定方法上做得十分完善，而上述内容也与本研究有很强的关联程度，可以直接为本书的后续研究提供有效的指导。

本章的第三部分对国内外相关研究进行了评述。目前看，国内外在城乡统筹相关领域的研究已经十分完善，当然学术界还缺乏专门针对我国大城市城乡统筹发展水平的调研，因此本书的研究结果可以对这一研究上的缺憾进行有力的补充。

第 3 章　上海城乡统筹发展水平调查问卷综述

在上海市人民政府发展研究中心的指导和支持下，课题组于 2017 年 7—8 月进行了对上海城乡统筹发展水平的调研。调研的主要目的是通过系统科学的调查方法，了解市民对上海中心城区和郊区经济发展、社会发展和生态发展情况的评价。并通过中心城区和郊区的评价对比，发现近年来上海城乡统筹发展过程中取得的进步和存在的问题，以便有针对性地提出上海城乡统筹发展的政策建议。

3.1　问卷设计思路

3.1.1　城乡统筹发展评价体系

对上海城乡统筹发展水平的客观评价，必须建立在可以客观体现城乡差距、反映城乡统筹发展状况的评价指标体系之上。目前关于城乡统筹发展评价体系的设计已有部分尝试，可惜这方面的研究还不成熟。本书在分析前人研究的基础上，综合考虑指标的全面性和调查结果的易获得性，以城乡统筹发展为目标层，提出经济统筹发展、社会统筹发展和生态统筹发展三个一级指标，在此基础之上选取了 9 个易于居民评价的二级指标，具体如表 3-1 所示。

表 3-1　城乡统筹发展评价体系的指标构成

目标层	一级指标	二级指标
城乡统筹发展	城乡经济统筹发展	产业发展情况
		就业情况
		收入水平
	城乡社会统筹发展	居民生活质量
		基本公共服务
		基本社会保障体系
		基础设施建设情况
	城乡生态统筹发展	市容市貌
		生态环境

结合上海市政府和居民关心的热点话题，又对二级指标进行了进一步细化，居民生活质量的评价指标包括：住房状况、商业购物设施、金融服务设施、食品安全状况和社会治安状况；基本公共服务的评价指标包括：公交站点设置、公交发车频次、地铁网络密度、“最后一公里”覆盖、道路通畅程度、车位配置数量、医疗机构数量、医疗技术水平、中小学教学质量、公共文化设施、体育健身设施和社区养老服务 12 个指标；基本社会保障体系的指标包括：失业保障、养老保障、医疗保障、住房保障、生育保障和工伤保障 6 个指标；基础设施建设情况的指标包括：道路设施、污水处理设施、垃圾收集设施、抗灾防灾设施、供水设施、供电设施、燃气设施和通信网络设施 8 个指标；市容环境的指标包括：区域规划布局、市容市貌、历史建筑保护、特色风貌保护、空气质量、水污染治理和垃圾分类 7 个指标。

3.1.2 城乡统筹发展调研区域划分

根据上海市区域分布的特点以及《上海城市总体规划（2016—2040）》，我们将位于外环线之内的区域都定义为中心城区，位于外环线之外的区域定义为郊区，其中，为了凸显郊区新城对郊区发展的示范和带动作用，又对郊区进一步区分郊区新城及核心镇中心和郊区非新城，具体划分如表 3-2 所示。

表 3-2 上海城乡统筹发展调研区域划分

城乡划分	行政区
中心城区	黄浦区、徐汇区、长宁区、静安区、普陀区、虹口区、杨浦区、闵行区、宝山区、浦东新区
郊区新城及核心镇中心	临港新城、嘉定新城、青浦新城、松江新城、南桥新城、金山滨海、崇明城桥
郊区非新城	浦东新区、闵行区、宝山区、嘉定区、青浦区、松江区、金山区、奉贤区、崇明区

注：区域划分依据来源《上海城市总体规划（2016—2040）》。

3.2　样本说明

3.2.1　问卷回收率

本次问卷的调查对象是上海的常住居民，考虑这类人群对自己所居住区域的各方面发展情况有更多的了解，有利于真实而全面地反映上海城乡统筹发展的实际情况。

从 2017 年 7 月 4 日到 8 月 18 日，课题组共计发放问卷 1500 份，回收有效问卷 1449 份，问卷回收率为 97%。其中，实地发放 200 份，回收有效问卷 185 份；问卷星网络平台发放 1300 份，回收有效问卷 1263 份。位于外环线及郊区新城之外的全部郊区 840 份，郊区新城 258 份，中心城区 351 份，整体上郊区与中心城区的样本数量分布约为 3∶1，与郊区和中心城区的人口比例大致相同。具体分布如图 3–1 所示，可以看出，本次调查抽样基本均匀分布在上海各地区，符合调查要求。

3.2.2　本次调查样本（年龄 / 居住年限）统计信息

调查显示，本次调查对象的年龄、居住年限基本符合受调查对象要求（表 3–3、表 3–4）。

表 3–3　样本按年龄的分布情况

年龄	18~25 岁	26~40 岁	41~55 岁	56~65 岁	65 岁以上	合计
样本数（份）	231	853	280	47	38	1449
占比例	15.94%	58.87%	19.32%	3.24%	2.62%	100%

表 3–4　样本按居住年限的分布情况

居住年限	2 年以内	2~5 年	6~10 年	10 年以上	合计
样本数（份）	165	163	182	939	1449
占比例	11.39%	11.25%	12.56%	64.8%	100%

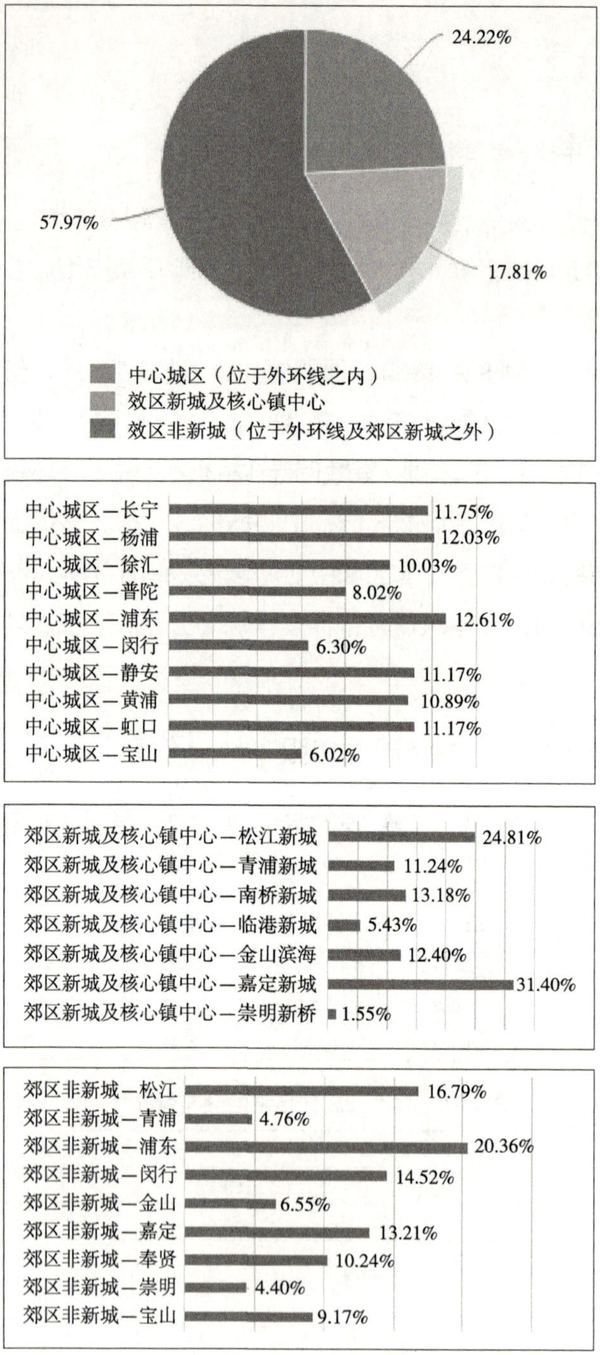

图 3-1　样本按区域划分的统计信息

3.2.3　本次调查样本（住房 / 户籍等）统计信息

调查显示，受访中，自有住房率达到了 67.08%，上海户籍人数达到了 61.15%，基本符合上海居民目前的住房状况和户籍状况（表 3–5、表 3–6）。

表 3–5　样本按住房类型的统计信息

住房类型	共有产权房	动迁安置房	商品住宅	自建住宅	房改房	合计
样本数（份）	82	94	660	120	16	972
占比例	5.66%	6.49%	45.55%	8.28%	1.1%	67.08%

表 3–6　样本按户籍的统计信息

户籍	上海城镇户口	上海农村户口	外地户口	合计
样本数（份）	794	92	563	1449
占比例	54.8%	6.35%	38.86%	100%

综合上述分析，从问卷回收情况来看，本次调查的有效问卷回收率达到 97%；中心城区与郊区的样本比例与实际中心城区与郊区居住人口比例接近，中心城区和郊区内各行政区分布较均匀；从年龄、居住年限、住房状况和户籍情况等方面来看，样本分布情况与上海常住居民的实际情况比较吻合，所以能较为客观地反映出上海城乡统筹发展的实际情况。

3.3　本章小结

本章主要包括问卷设计和问卷回收后样本的描述性统计两个部分。

在问卷设计部分，主要介绍了设计的基本思路，首先以经济、社会和生态统筹为一级指标，建立了城乡统筹发展的评价体系。在经济发展统筹下，包括产业发展情况、就业情况和收入水平三个二级指标；在社会发展统筹下，包括居民生活质量、基本公共服务、基本社会保障和基础设施建设四个二级指标；在生态统筹发展下，包括市容市貌和生态环境两个二级指标。然后，根据上海区域分布的特点以及《上海城市总体规划（2016—2040）》，将位于外环线之内的区域都定义为中心城区，位于外环线之外的区域定义为郊区，其中，为了凸显郊区新城对郊区发展的示范和带动作用，又对郊区进一步区分郊区新城及核心镇中心和郊区非新城。

在样本描述性统计方面，主要包括问卷回收率以及样本年龄、居住年限、住房条件以及户籍等基本信息的统计。本次调研共计发放问卷 1500 份，回收有效问卷 1449 份，问卷回收率为 97%。中心城区与郊区的样本比例约为 1∶3，与实际中心城区与郊区居住人口比例接近，中心城区和郊区内各行政区分布较均匀；从年龄、居住年限、住房状况和户籍情况等方面来看，样本分布情况与上海常住居民的实际情况比较吻合，所以能较为客观地反映出上海城乡统筹发展的实际情况。

第 4 章　上海城乡统筹发展水平整体评价

4.1　上海城乡发展居民受益情况

近 3~5 年，上海经济、社会和生态各方面不断发展，以往研究往往从客观数据（例如统计年鉴）中去描绘发展的趋势，而本次调查更加关注的是居民在发展中的主观感受。所以，在问卷中我们首先调查了居民在过去 3~5 年城乡发展中的感知受益情况。

在所有 1449 位调查对象中，大部分受访者（53.77%）认为，过去 3~5 年在上海发展的过程中受益，约 30% 的受访者认为，过去 3~5 年在上海发展过程中受益不大，还有 16.3% 的受访者表示，没有从上海的发展中受益，如表 4−1（a）所示。这表明，居民在上海城乡发展中的感知受益度偏低。

表 4−1（a）　上海居民在过去 3~5 年城乡发展中的受益情况（整体）

受益情况	受益很多	有所受益	受益不大	没有受益	合计
样本数	187	592	434	236	1449
占比例	12.91%	40.86%	29.95%	16.29%	100%

为了进一步分析居民受益情况的区域差异，我们首先把调查对象按照中心城区、郊区新城和郊区非新城分为三类，在每一类中，我们按照各个行政区，统计了居民在过去 3~5 年中上海城乡发展中的受益情况，并以感知受益度作为区域得分的依据，具体情况如表 4−1（b）所示。

从整体来看，郊区新城的居民感知受益度明显高于中心城区和郊区非新城，考虑郊区新城是近年来城市建设及相关政策的主要着力点，发展速度较快，故其居民感知受益度最高；中心城区整体发展水平较高，且城市建设趋于完善，故近 3~5 年的居民感知受益度略低；郊区非新城的居民感知受益度介于郊区新城和中心城区之间，说明近 3~5 年的城乡统筹发展取得了一定成效，但其未来仍有很大的发展空间。

从具体行政区域来看，在郊区非新城中，宝山和嘉定感知受益度较高，奉贤、松江、青浦和金山这四个区的居民感知受益度较低；在郊区新城中，临港新城的居民感知受益度最高，南桥新城的居民感知受益度最低；在中心城区中，静安区居民的感知受益度最高，浦东、宝山和杨浦区的居民感知受益度最低。

值得注意的是，宝山区的中心城区部分居民感知受益度仅列全市第25位，但是其郊区非新城部分的居民感知受益度高居全市第7位、郊区非新城中第1位，城乡发展中居民的感知差异明显。同样，青浦新城、金山滨海和松江新城的居民感知受益度明显高于其郊区非新城部分。奉贤的南桥新城和郊区非新城居民感知受益度均偏低，相对来说，嘉定的新城和非新城发展较为均衡，且整体居民受益情况良好。

表 4–1（b）　上海居民在过去 3~5 年城乡发展中的受益情况（区域）

类型	区域	样本数（人）	感知受益度(%)	受益情况区域排名	受益情况全市排名
郊区非新城 53.9	宝山	77	65.0	1	7
	嘉定	111	58.5	2	9
	崇明	37	51.3	3	16
	浦东	171	50.3	4	17
	闵行	122	49.2	5	18
	奉贤	86	46.5	6	20
	金山	55	45.4	7	21
	青浦	40	45.0	8	22
	松江	141	44.0	9	23
郊区新城及核心镇中心 63.6	临港新城	14	78.5	1	1
	崇明城桥*	4	75.0	2	2
	金山滨海	32	68.8	3	4
	青浦新城	29	65.5	4	5
	嘉定新城	81	65.4	5	6
	松江新城	64	62.6	6	8
	南桥新城	34	47.0	7	19
中心城区 50.6	静安	39	69.2	1	3
	长宁	41	58.5	2	9
	黄浦	38	57.9	3	11
	普陀	28	57.1	4	12
	虹口	39	56.4	5	13
	闵行	22	54.5	6	14
	徐汇	35	54.3	7	15
	浦东	44	43.2	8	24
	宝山	21	42.8	9	25
	杨浦	42	42.8	10	25

注：（1）感知受益度 =（“受益很多”样本占比 +“有所受益”样本占比）×100，可在一定程度上代表居民对所在区域感知到的显著改善程度。

（2）由于崇明城桥获取的样本数量偏低，对该区域不做深入讨论。

4.2　上海经济发展城乡统筹情况

从整体上看，在评价经济发展的三项指标中，受访者对上海产业发展的评价最高，认为“比较好”和“非常好”的人数超过了一半；对就业情况的评价次之；对收入水平的评价最低（表 4–2）。

表 4–2　上海经济发展情况总体评价

选项	非常好	比较好	一般	不好	很不好	平均
产业发展情况(份)	208（14.35%）	620（42.79%）	548（37.82%）	59（4.07%）	14（0.97%）	3.65
就业情况（份）	157（10.84%）	557（38.44%）	611（42.17%）	107（7.38%）	17（1.17%）	3.50
收入水平（份）	131（9.04%）	435（30.02%）	707（48.79%）	145（10.01%）	31（2.14%）	3.34

注：本调查问卷采用李克特量表（Likert scale），该量表每一陈述有“非常好”“比较好”“一般”“不好”“很不好”五种回答，分别记为 5，4，3，2，1 分，最后进行平均，得到平均分。以下表格均采取该方法打分，下文不再说明。

4.2.1　产业发展情况

大部分调查对象认为上海产业发展情况比较好；相当部分受访者认为产业发展情况一般；极少数认为产业发展情况不好或者很不好，所以受访者对上海的产业发展情况总体是认可的（表 4–3）。

表 4–3　产业发展情况评价

评价	非常好	比较好	一般	不好	很不好	合计
样本数（份）	208	620	548	59	14	1449
占比例	14.35%	42.79%	37.82%	4.07%	0.97%	100%

按照受调查者地域划分，对调查数据进一步分析，中心城区中受调查者对于产业发展情况的评价较高的分别为黄浦和徐汇区，这与实际情况相符；对产业发展情况评分较低的为宝山、杨浦和浦东新区。郊区新城及核心镇中心中，受调查者对于产业发展情况的评价较高的分别为临港新城和嘉定新城；对产业发展情况评分较低的为青浦新城和南桥新城。郊区非新城中，受调查者对于产业发展情况的评价较高的分别为嘉定、浦东和闵行；对产业发展情况评分较低的为崇明、奉贤和宝山区（表 4–4）。中心城区、郊区新城以及郊区非新城的评价分比值分别为 1.08：1.05：1。

表 4–4　按区域划分产业发展情况评价

中心城区	平均分	郊区新城及核心镇中心	平均分	郊区非新城	平均分
宝山	3.43	青浦新城	3.48	崇明	3.24
杨浦	3.60	南桥新城	3.50	奉贤	3.36
浦东	3.73	金山滨海	3.56	宝山	3.43
普陀	3.75	松江新城	3.75	松江	3.47
长宁	3.80	崇明城桥	3.75	青浦	3.48
虹口	3.85	嘉定新城	3.83	金山	3.55
静安	3.85	临港新城	3.93	闵行	3.71
闵行	3.86	–	–	浦东	3.71
徐汇	4.03	–	–	嘉定	3.76
黄浦	4.18	–	–	–	–
3.81		3.69		3.52	
1.08：1.05：1					

4.2.2　就业情况

大部分调查对象认为上海整体就业情况一般；相当部分受访者认为就业情况比较好；极少数认为就业情况很不好，所以受访者对上海的就业情况总体评价是正面的（表 4–5）。

表 4–5　就业情况评价

评价	非常好	比较好	一般	不好	很不好	合计
样本数（份）	157	557	611	107	17	1449
占比例	10.84%	38.44%	42.17%	7.38%	1.17%	100%

按照受调查者地域划分，对调查数据进一步分析，中心城区中受调查者对于就业情况的评价较高的分别为黄浦区和徐汇区；对就业情况评分较低的为宝山区和浦东新区。郊区新城及核心镇中心受调查者对于就业情况的评价较高的分别为松江新城和嘉定新城；对就业情况评分较低的为崇明城桥和金山滨海，其中崇明城桥的得分远低于其他区域。郊区非新城中，受调查者对于就业情况的评价较高的分别为嘉定、浦东和闵行区；对就业情况评分较低的为崇明、奉贤和宝山区（表 4–6）。中心城区、郊区新城以及郊区非新城的评价分比值分别为 1.06：0.99：1。

表 4-6　按区域划分就业情况评价

中心城区	平均分	郊区新城及核心镇中心	平均分	郊区非新城	平均分
宝山	3.19	崇明城桥	2.50	崇明	3.22
闵行	3.59	金山滨海	3.31	金山	3.27
浦东	3.50	临港新城	3.43	奉贤	3.30
普陀	3.54	青浦新城	3.45	宝山	3.35
杨浦	3.55	南桥新城	3.44	松江	3.35
虹口	3.62	松江新城	3.56	青浦	3.40
长宁	3.66	嘉定新城	3.75	闵行	3.56
静安	3.74	–	–	嘉定	3.55
徐汇	3.89	–	–	浦东	3.58
黄浦	3.89	–	–	–	–
3.62		3.35		3.40	
1.06：0.99：1					

4.2.3　收入水平

大部分调查对象认为上海整体收入水平情况一般；相当部分受访者认为收入水平情况比较好；极少数认为收入水平情况很不好；受访者对上海的收入水平情况总体评分为 3.34 分，评价较低（表 4–7）。

表 4–7　收入水平情况评价

评价	非常好	比较好	一般	不好	很不好	合计
样本数（份）	131	435	707	145	31	1449
占比例	9.04%	30.02%	48.79%	10.01%	2.14%	100%

按照受调查者地域划分，对调查数据进一步分析，中心城区中受调查者对于收入水平情况的评价较高的分别为静安、黄浦和徐汇区；对收入水平情况评分较低的为宝山和闵行区。郊区新城及核心镇中心受调查者对于收入水平情况的评价较高的分别为临港新城和嘉定新城；对收入水平情况评分较低的为青浦新城和金山滨海。郊区非新城中受调查者对于收入水平情况的评价较高的分别为嘉定、浦东和闵行区；对收入水平情况评分较低的为崇明、奉贤和松江区（表 4–8）。中心城区、郊区新城以及郊区非新城的评价分比值分别为 1.08：1.05：1。

表 4–8　按区域划分收入水平情况评价

中心城区	平均分	郊区新城及核心镇中心	平均分	郊区非新城	平均分
宝山	3.00	金山滨海	3.09	崇明	3.03
闵行	3.27	青浦新城	3.24	金山	3.27
浦东	3.39	松江新城	3.34	奉贤	3.08
普陀	3.39	南桥新城	3.35	宝山	3.31
杨浦	3.52	崇明城桥	3.50	松江	3.14
长宁	3.54	嘉定新城	3.52	青浦	3.23
虹口	3.56	临港新城	3.64	闵行	3.36
静安	3.62	–	–	浦东	3.40
徐汇	3.63	–	–	嘉定	3.41
黄浦	3.76	–	–	–	–
3.47		3.38		3.21	
1.08：1.05：1					

4.3　上海社会发展城乡统筹情况

上海社会发展城乡统筹具体按照居民生活质量、基本公共服务、基本社会保障体系和基础设施建设情况四个方面进行评价。

4.3.1　居民生活质量

从整体上看，在评价居民生活质量的五项指标中，受访者对上海社会治安状况的评价最高，认为“比较好”和“非常好”的人数占 70%；对商业购物设施和金融服务设施的评价较高；对住房状况和食品安全状况的评价较低（表 4–9）。

表 4–9　上海居民生活质量总体评价

选项	非常好	比较好	一般	不好	很不好	平均
①住房状况	157（10.84%）	561（38.72%）	613（42.31%）	94（6.49%）	24（1.66%）	3.51
②商业购物设施	281（19.39%）	580（40.03%）	468（32.3%）	95（6.56%）	25（1.73%）	3.69
③金融服务设施	231（15.94%）	567（39.13%）	515（35.54%）	116（8.01%）	20（1.38%）	3.60
④食品安全状况	162（11.18%）	527（36.37%）	611（42.17%）	114（7.87%）	35（2.42%）	3.46
⑤社会治安状况	299（20.63%）	717（49.48%）	365（25.19%）	54（3.73%）	14（0.97%）	3.85

1) 住房状况

按照受调查者地域划分，对调查数据进一步分析，中心城区中受调查者对于住房状况的评价较高的分别为静安、黄浦、徐汇和长宁区；对住房状况评分较低的为宝山、虹口和浦东新区。郊区新城及核心镇中心受调查者对于住房状况的评价较高的分别为金山滨海和嘉定新城；对住房状况评分较低的为青浦新城。郊区非新城中受调查者对于住房状况的评价较高的分别为嘉定和宝山；对住房状况评分较低的为崇明和奉贤（表 4–10）。中心城区、郊区新城以及郊区非新城的评价分比值分别为 0.98：1.02：1。

表 4–10　按区域划分住房状况评价

中心城区	平均分	郊区新城及核心镇中心	平均分	郊区非新城	平均分
宝山	3.24	崇明城桥	3.50	宝山	3.60
虹口	3.31	嘉定新城	3.75	崇明	3.30
黄浦	3.76	金山滨海	3.63	奉贤	3.30
静安	3.51	临港新城	3.50	嘉定	3.81
闵行	3.41	南桥新城	3.56	金山	3.53
浦东	3.32	青浦新城	3.28	闵行	3.45
普陀	3.43	松江新城	3.59	浦东	3.53
徐汇	3.46	–	–	青浦	3.45
杨浦	3.33	–	–	松江	3.43
长宁	3.46	–	–	–	–
3.42		3.54		3.49	
0.98：1.02：1					

2）商业购物设施

按照受调查者地域划分，对调查数据进一步分析，中心城区中受调查者对于商业购物设施情况的评价较高的分别为静安、黄浦和长宁区；对商业购物设施情况评分较低的为宝山和普陀区。郊区新城及核心镇中心受调查者对于商业购物设施情况的评价较高的分别为金山滨海和松江新城；对商业购物设施情况评分较低的为青浦新城和崇明城桥。郊区非新城中，受调查者对商业购物设施情况评分较低的为青浦、崇明和奉贤区，其余区域基本相同（表 4–11）。中心城区、郊区新城以及郊区非新城的评价分比值分别为 1.11：1.04：1。

表 4-11　按区域划分商业购物设施情况评价

中心城区	平均分	郊区新城及核心镇中心	平均分	郊区非新城	平均分
宝山	3.38	崇明城桥	3.25	宝山	3.64
虹口	3.95	嘉定新城	3.75	崇明	2.97
黄浦	4.32	金山滨海	3.81	奉贤	3.37
静安	4.03	临港新城	3.71	嘉定	3.66
闵行	3.77	南桥新城	3.74	金山	3.65
浦东	3.73	青浦新城	3.52	闵行	3.64
普陀	3.68	松江新城	3.84	浦东	3.62
徐汇	3.97	–	–	青浦	3.48
杨浦	3.90	–	–	松江	3.63
长宁	4.15	–	–	–	–
3.88		3.66		3.51	
1.11：1.04：1					

3）金融服务设施

按照受调查者地域划分，对调查数据进一步分析，中心城区中受调查者对于金融服务设施情况的评价较高的分别为静安、黄浦、徐汇和长宁区；对金融服务设施情况评分较低的为宝山。郊区新城及核心镇中心受调查者对于金融服务设施情况的评价较高的分别为松江新城和嘉定新城；对金融服务设施情况评分较低的为临港新城和崇明城桥。郊区非新城中受调查者对金融服务设施情况评分较低的为崇明和奉贤区，其余区域基本相同（表 4-12）。中心城区、郊区新城以及郊区非新城的评价分比值分别为 1.10：1.01：1。

表 4-12　按区域划分金融服务设施情况评价

中心城区	平均分	郊区新城及核心镇中心	平均分	郊区非新城	平均分
宝山	3.19	崇明城桥	3.25	宝山	3.55
虹口	3.82	嘉定新城	3.73	崇明	2.95
黄浦	3.97	金山滨海	3.66	奉贤	3.22
静安	3.92	临港新城	3.14	嘉定	3.64
闵行	3.64	南桥新城	3.53	金山	3.56
浦东	3.68	青浦新城	3.48	闵行	3.55
普陀	3.75	松江新城	3.70	浦东	3.58
徐汇	4.00	–	–	青浦	3.45
杨浦	3.86	–	–	松江	3.53
长宁	4.12	–	–	–	–
3.80		3.50		3.45	
1.10：1.01：1					

4）食品安全状况

按照受调查者地域划分，对调查数据进一步分析，中心城区中受调查者对于食品安全状况的评价较高的分别为静安、徐汇和长宁区；对食品安全状况评分较低的为宝山、虹口和浦东新区。郊区新城及核心镇中心中，受调查者对于食品安全状况的评价较高的分别为南桥新城和嘉定新城；对食品安全状况评分较低的为崇明城桥和临港新城。郊区非新城中，受调查者对于食品安全状况的评价较高的为崇明区；其余地区对食品安全状况评分均较低（表 4–13）。中心城区、郊区新城以及郊区非新城的评价分比值分别为 1：1：1，可见整个上海，不管是中心城区还是郊区，食品安全问题程度相同。

表 4–13　按区域划分食品安全状况评价

中心城区	平均分	郊区新城及核心镇中心	平均分	郊区非新城	平均分
宝山	3.29	崇明城桥	3.25	宝山	3.48
虹口	3.33	嘉定新城	3.59	崇明	3.78
黄浦	3.50	金山滨海	3.53	奉贤	3.37
静安	3.59	临港新城	3.36	嘉定	3.51
闵行	3.50	南桥新城	3.56	金山	3.38
浦东	3.09	青浦新城	3.52	闵行	3.38
普陀	3.39	松江新城	3.47	浦东	3.36
徐汇	3.71	–	–	青浦	3.38
杨浦	3.40	–	–	松江	3.51
长宁	3.73	–	–	–	–
3.45		3.47		3.46	
1：1：1					

5）社会治安状况

受调查者对上海社会治安状况的评价普遍较高，在不同区域的评价差异较小，中心城区、郊区新城以及郊区非新城的评价分比值分别为 1.03：1.02：1。

按照受调查者地域划分，对调查数据进一步分析，中心城区中受调查者对于社会治安状况的评价较高的分别为静安、黄浦和虹口区；对社会治安状况评分较低的为普陀和浦东新区。郊区新城及核心镇中心受调查者对于社会治安状况的评价较高的分别为金山滨海、松江新城和嘉定新城。郊区非新城中，受调查者对于社会治安状况的评价较高的分别为松江和宝山区；对社会治安状况评分较低的为奉贤、崇明和闵行区（表 4–14）。

表 4-14　按区域划分社会治安状况评价

中心城区	平均分	郊区新城及核心镇中心	平均分	郊区非新城	平均分
宝山	3.81	崇明城桥	3.75	宝山	3.92
虹口	4.08	嘉定新城	3.96	崇明	3.78
黄浦	4.11	金山滨海	4.03	奉贤	3.69
静安	3.87	临港新城	3.71	嘉定	3.82
闵行	3.86	南桥新城	3.91	金山	3.80
浦东	3.70	青浦新城	3.86	闵行	3.77
普陀	3.61	松江新城	3.95	浦东	3.80
徐汇	3.97	–	–	青浦	3.75
杨浦	3.93	–	–	松江	3.82
长宁	4.10	–	–	–	–
3.90		3.88		3.80	
1.03：1.02：1					

4.3.2　基本公共服务

从整体上看，在评价基本社会公共服务的十二项指标总体评分相对较低，其中受调查者中对公交站点设置情况的评价最高，认为“比较好”和“非常好”的人数约占 65%；对车位配置数量的评价最低，绝大多数受调查者认为情况一般，超过 20% 的受调查者认为情况不好或很不好；对道路通畅程度、“最后一公里”覆盖和社区养老服务的评价较低（表 4-15）。

表 4-15　上海基本公共服务总体评价

选项	非常好	比较好	一般	不好	很不好	平均
公交站点设置（份）	266（18.36%）	669（46.17%）	433（29.88%）	62（4.28%）	19（1.31%）	3.76
公交发车频次（份）	208（14.35%）	597（41.2%）	469（32.37%）	144（9.94%）	31（2.14%）	3.56
地铁网络密度（份）	280（19.32%）	493（34.02%）	397（27.4%）	182（12.56%）	97（6.69%）	3.47
“最后一公里”覆盖（份）	206（14.22%）	505（34.85%）	502（34.64%）	176（12.15%）	60（4.14%）	3.43
道路通畅程度（份）	180（12.42%）	509（35.13%）	482（33.26%）	223（15.39%）	55（3.8%）	3.37
车位配置数量（份）	126（8.7%）	385（26.57%）	533（36.78%）	283（19.53%）	122（8.42%）	3.08
医疗机构数量（份）	192（13.25%）	492（33.95%）	582（40.17%）	143（9.87%）	40（2.76%）	3.45
医疗技术水平（份）	185（12.77%）	518（35.75%）	578（39.89%）	119（8.21%）	49（3.38%）	3.46
中小学教学质量（份）	186（12.84%）	572（39.48%）	562（38.79%）	103（7.11%）	26（1.79%）	3.54
公共文化设施（份）	189（13.04%）	592（40.86%）	552（38.1%）	94（6.49%）	22（1.52%）	3.57
体育健身设施（份）	185（12.77%）	516（35.61%）	554（38.23%）	158（10.9%）	36（2.48%）	3.45
社区养老服务（份）	151（10.42%）	511（35.27%）	590（40.72%）	158（10.9%）	39（2.69%）	3.40

1）公交站点设置

受调查者对上海公交站点设置情况的评价普遍较高，对中心城区和郊区新城的评价差异较小，中心城区、郊区新城以及郊区非新城的评价分比值分别为 1.04：1.03：1。

按照受调查者地域划分，对调查数据进一步分析，中心城区中受调查者对于公交站点设置情况的评价较高的分别为长宁、黄浦和虹口区；对公交站点设置情况评价较低的为宝山区。郊区新城及核心镇中心中，受调查者对于公交站点设置情况的评价较高的分别为嘉定新城；对公交站点设置情况评价较低的为临港新城。郊区非新城中，受调查者对于公交站点设置情况的评价较高的分别为金山区；对公交站点设置情况评价较低的为崇明和奉贤区（表 4-16）。

表 4-16　按区域划分公交站点设置情况评价

中心城区	平均分	郊区新城及核心镇中心	平均分	郊区非新城	平均分
宝山	3.38	崇明城桥	3.75	宝山	3.71
虹口	3.95	嘉定新城	3.96	崇明	3.51
黄浦	4.03	金山滨海	3.84	奉贤	3.52
静安	3.87	临港新城	3.50	嘉定	3.76
闵行	3.91	南桥新城	3.85	金山	3.84
浦东	3.77	青浦新城	3.72	闵行	3.73
普陀	3.71	松江新城	3.86	浦东	3.67
徐汇	3.86	–	–	青浦	3.60
杨浦	3.90	–	–	松江	3.72
长宁	3.98	–	–	–	–
3.84		3.78		3.67	
1.04：1.03：1					

2）公交发车频次

受调查者对中心城区和郊区新城公交发车频次的评价普遍较高，且对郊区新城的评价高于对中心城区的评价。中心城区、郊区新城以及郊区非新城的评价分比值分别为 1.04：1.06：1。

按照受调查者地域划分，对调查数据进一步分析，中心城区中受调查者对于公交发车频次的评价较高的分别为长宁、黄浦和虹口区；对公交发车频次评价较低的为宝山区。郊区新城及核心镇中心中，受调查者对于公交发车频次的评价较高的分别为崇明城桥；对公交发车频次评价较低的为临港新城、青浦新城和松江新城。郊区非新城中，受调查者对于公交发车频次的评价较高的分别为嘉定；对公交发车频次评价较低的为崇明、青浦和松江区（表 4–17）。

表 4–17　按区域划分公交站点设置评价

中心城区	平均分	郊区新城及核心镇中心	平均分	郊区非新城	平均分
宝山	3.19	崇明城桥	4.25	宝山	3.52
虹口	3.87	嘉定新城	3.75	崇明	3.24
黄浦	3.82	金山滨海	3.69	奉贤	3.41
静安	3.67	临港新城	3.43	嘉定	3.62
闵行	3.59	南桥新城	3.68	金山	3.58
浦东	3.50	青浦新城	3.45	闵行	3.53
普陀	3.46	松江新城	3.48	浦东	3.58
徐汇	3.60	–	–	青浦	3.35
杨浦	3.67	–	–	松江	3.39
长宁	3.80	–	–	–	–
3.62		3.68		3.47	
1.04：1.06：1					

3）地铁网络密度

受调查者对中心城区和郊区的地铁网络密度的评价差异较大，对郊区新城和郊区非新城的评价基本相同，比值为 1.26∶1.01∶1。说明中心城区和郊区在地铁网络密度上有较大差异，需要进一步统筹发展。

按照受调查者地域划分，对调查数据进一步分析，中心城区中受调查者对于地铁网络密度的评价较高的分别为长宁、黄浦、杨浦、徐汇和闵行区；对地铁网络密度评价较低的为宝山区。郊区新城及核心镇中心中，受调查者对于地铁网络密度的评价较高的分别为嘉定新城；对地铁网络密度评价较低的为金山滨海、青浦新城和南桥新城。郊区非新城中，受调查者对于地铁网络密度的评价较高的分别为闵行和宝山区；对地铁网络密度评价较低的为崇明、奉贤和松江区（表 4–18）。

表 4–18　按区域划分地铁网络密度评价

中心城区	平均分	郊区新城及核心镇中心	平均分	郊区非新城	平均分
宝山	3.48	崇明城桥	3.00	宝山	3.55
虹口	4.00	嘉定新城	3.95	崇明	2.03
黄浦	4.16	金山滨海	2.81	奉贤	2.73
静安	3.92	临港新城	3.64	嘉定	3.43
闵行	4.09	南桥新城	2.68	金山	3.25
浦东	3.95	青浦新城	2.76	闵行	3.55
普陀	3.82	松江新城	3.55	浦东	3.48
徐汇	4.03	–	–	青浦	3.25
杨浦	4.12	–	–	松江	3.17
长宁	4.20	–	–	–	–
3.98		3.20		3.16	
1.26：1.01：1					

4）“最后一公里”覆盖

受调查者对中心城区和郊区的“最后一公里”覆盖的评价差异较大，对郊区新城和郊区非新城的评价基本相同，比值为 1.16：1.03：1。说明中心城区和郊区在“最后一公里”覆盖上有较大差异，需要进一步统筹发展。

按照受调查者地域划分，对调查数据进一步分析，中心城区中受调查者对于“最后一公里”覆盖的评价较高的分别为长宁、黄浦、徐汇和静安区；对“最后一公里”覆盖评价较低的为宝山区。郊区新城及核心镇中心中，受调查者对于“最后一公里”覆盖的评价较高的分别为嘉定新城和松江新城；对“最后一公里”覆盖评价较低的为青浦新城和崇明城桥。郊区非新城中，受调查者对于“最后一公里”覆盖的评价较高的分别为闵行和宝山区；对“最后一公里”覆盖评价较低的为崇明、奉贤和松江区（表 4–19）。

表 4-19　按区域划分"最后一公里"覆盖评价

中心城区	平均分	郊区新城及核心镇中心	平均分	郊区非新城	平均分
宝山	3.33	崇明城桥	3.00	宝山	3.58
虹口	3.69	嘉定新城	3.78	崇明	2.24
黄浦	3.97	金山滨海	3.16	奉贤	2.90
静安	3.79	临港新城	3.21	嘉定	3.50
闵行	3.77	南桥新城	3.38	金山	3.36
浦东	3.68	青浦新城	3.07	闵行	3.43
普陀	3.61	松江新城	3.58	浦东	3.41
徐汇	3.80	–	–	青浦	3.33
杨浦	3.62	–	–	松江	3.16
长宁	3.88	–	–	–	–
3.71		3.31		3.21	
1.16 ∶ 1.03 ∶ 1					

5）道路通畅程度

受调查者对中心城区和郊区的道路通畅程度的评价差异不大，中心城区、郊区新城和郊区非新城的评分比值为 0.98 ∶1.05 ∶1。说明郊区在道路通畅程度上略优于中心城区。

按照受调查者地域划分，对调查数据进一步分析，中心城区中受调查者对于道路通畅程度的评价较高的分别为长宁、虹口、徐汇和闵行区；对道路通畅程度评价较低的为宝山区。郊区新城及核心镇中心中，受调查者对于道路通畅程度的评价较高的分别为临港新城和崇明城桥；对道路通畅程度评价较低的为青浦新城和松江新城。郊区非新城中，受调查者对于道路通畅程度的评价较高的分别为金山、崇明和嘉定区；对道路通畅程度评价较低的为闵行、青浦和松江区（表 4–20）。

表 4-20　按区域划分道路通畅程度评价

中心城区	平均分	郊区新城及核心镇中心	平均分	郊区非新城	平均分
宝山	3.05	崇明城桥	3.75	宝山	3.48
虹口	3.44	嘉定新城	3.67	崇明	3.62
黄浦	3.37	金山滨海	3.63	奉贤	3.35
静安	3.26	临港新城	3.86	嘉定	3.50
闵行	3.59	南桥新城	3.50	金山	3.58
浦东	3.27	青浦新城	3.24	闵行	3.19
普陀	3.29	松江新城	3.30	浦东	3.33
徐汇	3.37	–	–	青浦	3.20
杨浦	3.10	–	–	松江	3.22
长宁	3.39	–	–	–	–
3.31		3.56		3.38	
0.98：1.05：1					

6）车位配置数量

受调查者对上海的车位配置数量评价普遍较低，这与“停车难”的现状相符合；对中心城区和郊区的车位配置数量的评价差异不大，中心城区、郊区新城和郊区非新城的评分比值为 0.96：1.01：1。说明郊区在车位配置数量上略优于中心城区。

按照受调查者地域划分，对调查数据进一步分析，中心城区中受调查者对于车位配置数量的评价较高的为虹口区；对车位配置数量评价最低的为浦东新区。郊区新城及核心镇中心中，受调查者对于车位配置数量的评价最低的为崇明城桥。郊区非新城中，受调查者对于车位配置数量的评价较高的分别为崇明、宝山和嘉定区；对车位配置数量评分较低的为奉贤和松江区（表 4-21）。

表 4-21　按区域划分车位配置数量评价

中心城区	平均分	郊区新城及核心镇中心	平均分	郊区非新城	平均分
宝山	2.81	崇明城桥	2.75	宝山	3.25
虹口	3.28	嘉定新城	3.33	崇明	3.49
黄浦	3.13	金山滨海	3.22	奉贤	2.93
静安	2.92	临港新城	3.21	嘉定	3.16
闵行	3.09	南桥新城	3.32	金山	3.07
浦东	2.59	青浦新城	3.10	闵行	3.08
普陀	3.00	松江新城	3.09	浦东	3.05
徐汇	3.09	–	–	青浦	3.03
杨浦	2.74	–	–	松江	2.91
长宁	3.20	–	–	–	–
2.98		3.14		3.11	
0.96：1.01：1					

7）医疗机构数量

受调查者对中心城区和郊区的医疗机构数量的评价有所差异，对郊区新城的评价略高于郊区非新城，具体分数比值为 1.09∶1.03∶1。说明中心城区和郊区在医疗机构数量上存在差异，需要进一步统筹发展。

按照受调查者地域划分，对调查数据进一步分析，中心城区中受调查者对于医疗机构数量的评价较高的分别为长宁和黄浦区；对医疗机构数量评价较低的为宝山区。郊区新城及核心镇中心中，受调查者对于医疗机构数量的评价较高的分别为嘉定新城和临港新城；其余区域对医疗机构数量评价均较低。郊区非新城中，受调查者对于医疗机构数量的评价较高的分别为嘉定和宝山区；对医疗机构数量评价较低的为崇明区（表 4–22）。

表 4–22　按区域划分医疗机构数量评价

中心城区	平均分	郊区新城及核心镇中心	平均分	郊区非新城	平均分
宝山	3.05	崇明城桥	3.25	宝山	3.44
虹口	3.74	嘉定新城	3.75	崇明	2.97
黄浦	3.89	金山滨海	3.25	奉贤	3.21
静安	3.74	临港新城	3.79	嘉定	3.41
闵行	3.73	南桥新城	3.24	金山	3.35
浦东	3.23	青浦新城	3.24	闵行	3.43
普陀	3.54	松江新城	3.45	浦东	3.35
徐汇	3.97	–	–	青浦	3.35
杨浦	3.71	–	–	松江	3.39
长宁	3.78	–	–	–	–
3.64		3.42		3.32	
1.09∶1.03∶1					

8）医疗技术水平

受调查者对中心城区和郊区的医疗技术水平的评价差异较大，对郊区新城和郊区非新城的评价基本相同，比值为 1.11∶1.01∶1。说明中心城区和郊区在医疗技术水平上有较大差异，需要进一步统筹发展。

按照受调查者地域划分，对调查数据进一步分析，中心城区中受调查者对于医疗技术水平的评价较高的分别为长宁、黄浦和徐汇区；对医疗技术水平评价较低的为宝山和浦东新区。郊区新城及核心镇中心受调查者对于医疗技术水平的评价较高的分别为嘉定新城和临港新城；对医疗技术水平评价较低的为金山滨海和青浦新城。郊区非新城中，受调查者对于医疗技术水平的评价较高的为闵行区；对医疗技术水平评价较低的为崇明区（表 4–23）。

表 4–23　按区域划分医疗技术水平评价

中心城区	平均分	郊区新城及核心镇中心	平均分	郊区非新城	平均分
宝山	3.19	崇明城桥	3.50	宝山	3.29
虹口	3.77	嘉定新城	3.69	崇明	2.86
黄浦	3.97	金山滨海	3.13	奉贤	3.27
静安	3.69	临港新城	3.71	嘉定	3.39
闵行	3.73	南桥新城	3.26	金山	3.27
浦东	3.43	青浦新城	3.21	闵行	3.50
普陀	3.39	松江新城	3.45	浦东	3.44
徐汇	3.94	–	–	青浦	3.35
杨浦	3.76	–	–	松江	3.43
长宁	3.88	–	–	–	–
3.68		3.42		3.31	
1.11 ∶ 1.03 ∶ 1					

9）中小学教学质量

受调查者对中心城区和郊区的中小学教学质量的评价有所差异，具体比值为 1.06 ∶ 1.04 ∶ 1。说明中心城区和郊区在中小学教学质量上有所差异，需要进一步统筹城乡教育资源。

按照受调查者地域划分，对调查数据进一步分析，中心城区中受调查者对于中小学教学质量的评价较高的分别为虹口和闵行区；对中小学教学质量评价较低的为宝山和浦东新区。郊区新城及核心镇中心中，受调查者对于中小学教学质量的评价较高的分别为嘉定新城和南桥新城；对中小学教学质量评价较低的为金山滨海、青浦新城和崇明城桥。郊区非新城中，受调查者对于中小学教学质量的评价较高的分别为嘉定和闵行区；对中小学教学质量评价较低的为奉贤区（表 4–24）。

表 4-24　按区域划分中小学教学质量评价

中心城区	平均分	郊区新城及核心镇中心	平均分	郊区非新城	平均分
宝山	3.43	崇明城桥	3.50	宝山	3.49
虹口	3.92	嘉定新城	3.72	崇明	3.46
黄浦	3.79	金山滨海	3.63	奉贤	3.29
静安	3.69	临港新城	3.71	嘉定	3.63
闵行	4.14	南桥新城	3.79	金山	3.45
浦东	3.43	青浦新城	3.48	闵行	3.61
普陀	3.36	松江新城	3.64	浦东	3.53
徐汇	3.77	–	–	青浦	3.43
杨浦	3.55	–	–	松江	3.47
长宁	3.71	–	–	–	–
3.68		3.64		3.48	
1.06 ∶ 1.04 ∶ 1					

10）公共文化设施

受调查者对中心城区和郊区的公共文化设施的评价有所差异，具体比值为1.07∶1.03∶1。说明中心城区和郊区在公共文化设施上有所差异，需要进一步统筹城乡公共文化资源。

按照受调查者地域划分，对调查数据进一步分析，中心城区中受调查者对于公共文化设施的评价较高的分别为黄浦、静安、徐汇和虹口区；对公共文化设施评价较低的为宝山和浦东新区。郊区新城及核心镇中心中，受调查者对于公共文化设施的评价较高的分别为崇明城桥、嘉定新城和临港新城；对公共文化设施评价较低的为青浦新城。郊区非新城中，受调查者对于公共文化设施的评价较高的分别为闵行和嘉定区；对公共文化设施评价较低的为崇明和金山区（表 4-25）。

表 4-25　按区域划分公共文化设施评价

中心城区	平均分	郊区新城及核心镇中心	平均分	郊区非新城	平均分
宝山	3.33	崇明城桥	3.75	宝山	3.53
虹口	3.82	嘉定新城	3.70	崇明	3.22
黄浦	3.89	金山滨海	3.41	奉贤	3.44
静安	3.82	临港新城	3.71	嘉定	3.57
闵行	3.64	南桥新城	3.59	金山	3.36
浦东	3.45	青浦新城	3.28	闵行	3.57
普陀	3.57	松江新城	3.52	浦东	3.47
徐汇	3.86	–	–	青浦	3.45
杨浦	3.74	–	–	松江	3.44
长宁	3.68	–	–	–	–
3.68		3.57		3.45	
1.07 ∶ 1.03 ∶ 1					

11）体育健身设施

受调查者对中心城区和郊区的体育健身设施的评价有所差异，具体比值为 1.07∶1.02∶1。说明中心城区和郊区在体育健身设施上有所差异，需要进一步统筹城乡体育健身资源。

按照受调查者地域划分，对调查数据进一步分析，中心城区中受调查者对于体育健身设施的评价较高的分别为长宁、闵行、徐汇、黄浦和虹口区；对体育健身设施评价较低的为宝山和静安区。郊区新城及核心镇中心中，受调查者对于体育健身设施的评价较高的分别为嘉定新城和南桥新城；对体育健身设施评价较低的为青浦新城和崇明城桥。郊区非新城中，受调查者对于体育健身设施的评价较高的分别为青浦和嘉定区；对体育健身设施评价较低的为崇明和松江区（表 4–26）。

表 4–26　按区域划分体育健身设施评价

中心城区	平均分	郊区新城及核心镇中心	平均分	郊区非新城	平均分
宝山	3.24	崇明城桥	3.25	宝山	3.44
虹口	3.77	嘉定新城	3.57	崇明	2.97
黄浦	3.76	金山滨海	3.47	奉贤	3.21
静安	3.36	临港新城	3.43	嘉定	3.65
闵行	3.91	南桥新城	3.59	金山	3.42
浦东	3.39	青浦新城	3.24	闵行	3.44
普陀	3.43	松江新城	3.48	浦东	3.34
徐汇	3.77	–	–	青浦	3.50
杨浦	3.55	–	–	松江	3.30
长宁	3.76	–	–	–	–
3.59		3.43		3.36	
1.07 ∶ 1.02 ∶ 1					

12）社区养老服务

受调查者对上海社区养老服务的评价总体不高，对中心城区、郊区新城和郊区非新城的社区养老服务的评价基本相同，具体比值为 1.01∶1.00∶1，说明在全市范围内需要进一步推动社区养老服务升级。

按照受调查者地域划分，对调查数据进一步分析，中心城区中受调查者对于社区养老服务的评价较高的分别为徐汇和闵行区；对社区养老服务评价较低的为宝山和浦东新区。郊区新城及核心镇中心受调查者对于社区养老服务的评价较高的分别为嘉定新城和临港新城；对社区养老服务评价较低的为崇明城桥和南桥新城。郊区非新城中，受调查者对于社区养老服务的评价较高的为嘉定区；对社区养老服务评价较低的为奉贤和金山区（表 4–27）。

表 4–27　按区域划分社区养老服务评价

中心城区	平均分	郊区新城及核心镇中心	平均分	郊区非新城	平均分
宝山	3.10	崇明城桥	3.25	宝山	3.47
虹口	3.49	嘉定新城	3.57	崇明	3.38
黄浦	3.47	金山滨海	3.44	奉贤	3.23
静安	3.31	临港新城	3.50	嘉定	3.49
闵行	3.77	南桥新城	3.18	金山	3.33
浦东	3.11	青浦新城	3.34	闵行	3.36
普陀	3.25	松江新城	3.42	浦东	3.38
徐汇	3.66	–	–	青浦	3.38
杨浦	3.36	–	–	松江	3.41
长宁	3.56	–	–	–	–
3.41		3.39		3.38	
1.01 ：1.00 ：1					

4.3.3　基本社会保障体系

从整体上看，在评价基本社会保障体系的六项指标总体评分中，受调查者中对生育保障的评价最高，认为“比较好”和“非常好”的人数约占 67%；对住房保障的评价最低，这也与当前高房价的现状相符合；对失业保障、养老保障、医疗保障和工伤保障的评价中等（表 4–28）。由于社会保障体系与受调查者居住区域相关性低，故不进一步对居住区域进行划分。

表 4–28　上海基本社会保障体系总体评价

选项	非常好	比较好	一般	不好	很不好	平均
失业保障（份）	120（8.28%）	554（38.23%）	623（43%）	115（7.94%）	37（2.55%）	3.42
养老保障（份）	197（13.6%）	598（41.27%）	526（36.3%）	99（6.83%）	29（2%）	3.58
医疗保障（份）	205（14.15%）	603（41.61%）	513（35.4%）	98（6.76%）	30（2.07%）	3.59
住房保障（份）	149（10.28%）	492（33.95%）	612（42.24%）	147（10.14%）	49（3.38%）	3.38
生育保障（份）	228（15.73%）	597（41.2%）	521（35.96%）	77（5.31%）	26（1.79%）	3.64
工伤保障（份）	173（11.94%）	602（41.55%）	562（38.79%）	85（5.87%）	27（1.86%）	3.56

4.3.4 基础设施建设

从整体上看，在评价基本设施建设情况的八项指标总体评分中，受调查者对供水设施、供电设施、燃气设施和通信网络设施的评价都很高，平均分为 3.80 分以上，说明上海在这些方面已经取得了全面的成果；对污水处理设施和垃圾收集设施这两项与生态环境相关的指标评价最低（表 4–29）。

表 4–29 上海基础设施建设总体评价

选项	非常好	比较好	一般	不好	很不好	平均
①道路设施	197（13.6%）	659（45.48%）	479（33.06%）	88（6.07%）	26（1.79%）	3.63
②污水处理设施	147（10.14%）	526（36.3%）	592（40.86%）	151（10.42%）	33（2.28%）	3.42
③垃圾收集设施	166（11.46%）	499（34.44%）	550（37.96%）	182（12.56%）	52（3.59%）	3.38
④抗灾防灾设施	186（12.84%）	564（38.92%）	554（38.23%）	118（8.14%）	27（1.86%）	3.53
⑤供水设施	318（21.95%）	661（45.62%）	414（28.57%）	41（2.83%）	15（1.04%）	3.85
⑥供电设施	391（26.98%）	681（47%）	341（23.53%）	30（2.07%）	6（0.41%）	3.98
⑦燃气设施	307（21.19%）	689（47.55%）	379（26.16%）	51（3.52%）	23（1.59%）	3.83
⑧通信网络设施	333（22.98%）	619（42.72%）	408（28.16%）	67（4.62%）	22（1.52%）	3.81

1）污水处理设施

受调查者对上海污水处理设施的评价总体不高，但中心城区的评价还是高于郊区新城，郊区新城的评价高于郊区非新城，具体比值为 1.05∶1.02∶1，说明污水处理设施在城乡之间存在一定差距，需要进一步统筹发展。

按照受调查者地域划分，对调查数据进一步分析，中心城区中受调查者对于污水处理设施的评价较高的分别为长宁、虹口和黄浦区；对污水处理设施评价较低的为宝山和闵行区。郊区新城及核心镇中心中，受调查者对于污水处理设施的评价较高的分别为嘉定新城和南桥新城；对污水处理设施评价较低的为崇明城桥、金山滨海和青浦新城。郊区非新城中，受调查者对于污水处理设施的评价较高的为宝山区；对污水处理设施评价较低的为奉贤和金山区（表 4–30）。

表 4-30　按区域划分污水处理设施评价

中心城区	平均分	郊区新城及核心镇中心	平均分	郊区非新城	平均分
宝山	3.24	崇明城桥	3.00	宝山	3.55
虹口	3.77	嘉定新城	3.67	崇明	3.32
黄浦	3.66	金山滨海	3.31	奉贤	3.23
静安	3.41	临港新城	3.50	嘉定	3.35
闵行	3.18	南桥新城	3.56	金山	3.16
浦东	3.39	青浦新城	3.31	闵行	3.39
普陀	3.54	松江新城	3.50	浦东	3.36
徐汇	3.51	–	–	青浦	3.33
杨浦	3.40	–	–	松江	3.33
长宁	3.80	–	–	–	–
3.49		3.41		3.34	
1.05 ∶ 1.02 ∶ 1					

2）垃圾收集设施

受调查者对上海垃圾收集设施的评价总体不高，但中心城区的评价还是略高于郊区新城，郊区新城的评价略高于郊区非新城，具体比值为 1.03 ∶1.01 ∶1，说明垃圾收集设施在城乡之间存在一定差距，需要进一步统筹发展。

按照受调查者地域划分，对调查数据进一步分析，中心城区中受调查者对于垃圾收集设施的评价较高的为黄浦区；对垃圾收集设施评价较低的为宝山、杨浦和浦东新区。郊区新城及核心镇中心中，受调查者对于垃圾收集设施的评价较高的为嘉定新城；对垃圾收集设施评价较低的为金山滨海和临港新城。郊区非新城中受调查者对于垃圾收集设施的评价较高的分别为宝山和松江区；对垃圾收集设施评价较低的为崇明、金山和青浦区（表 4-31）。

表 4-31　按区域划分垃圾收集设施评价

中心城区	平均分	郊区新城及核心镇中心	平均分	郊区非新城	平均分
宝山	3.24	崇明城桥	3.50	宝山	3.44
虹口	3.56	嘉定新城	3.58	崇明	3.24
黄浦	3.76	金山滨海	3.09	奉贤	3.35
静安	3.28	临港新城	3.21	嘉定	3.43
闵行	3.45	南桥新城	3.44	金山	3.16
浦东	3.25	青浦新城	3.34	闵行	3.25
普陀	3.57	松江新城	3.39	浦东	3.35
徐汇	3.51	–	–	青浦	3.18
杨浦	3.12	–	–	松江	3.44
长宁	3.54	–	–	–	–
3.43		3.36		3.32	
1.03 ∶ 1.01 ∶ 1					

4.4　上海生态发展城乡统筹情况

从整体上看，在评价市容市貌和生态环境的七项指标中，受调查者对区域规划布局、市容市貌、历史建筑保护和特色风貌保护的评价都较高，说明上海在这些方面已经取得了瞩目的成果；但是对空气质量、水污染和垃圾分类这三项与生态环境相关的指标评价最低，认为不好和很不好的和都超过了 20%（表 4-32）。

表 4-32　上海市容环境的总体评价

选项	非常好	比较好	一般	不好	很不好	平均
区域规划布局（份）	174（12.01%）	661（45.62%）	510（35.2%）	82（5.66%）	22（1.52%）	3.61
市容市貌（份）	256（17.67%）	641（44.24%）	440（30.37%）	89（6.14%）	23（1.59%）	3.70
历史建筑保护（份）	211（14.56%）	565（38.99%）	567（39.13%）	81（5.59%）	25（1.73%）	3.59
特色风貌保护（份）	213（14.7%）	540（37.27%）	565（38.99%）	106（7.32%）	25（1.73%）	3.56
空气质量（份）	129（8.9%）	412（28.43%）	593（40.92%）	243（16.77%）	72（4.97%）	3.20
水污染治理（份）	115（7.94%）	464（32.02%）	553（38.16%）	239（16.49%）	78（5.38%）	3.21
垃圾分类（份）	102（7.04%）	400（27.61%）	545（37.61%）	277（19.12%）	125（8.63%）	3.05

4.4.1　空气质量

受调查者对上海空气质量的评价总体较低，其中对中心城区空气质量的评价最低，对郊区新城的评价略高于郊区非新城，具体比值为 0.95∶1.03∶1，说明郊区在空气质量上优于中心城区。

按照受调查者地域划分，对调查数据进一步分析，中心城区中受调查者对于空气质量的评价较高的分别为长宁和徐汇区；对空气质量评价较低的为宝山和闵行区。郊区新城及核心镇中心中，受调查者对于空气质量的评价较高的分别为崇明城桥；对空气质量评价较低的为金山滨海。郊区非新城中，受调查者对于空气质量的评价较高的为崇明区；对空气质量评价较低的为金山区（表 4-33）。

表 4-33　按区域划分空气质量评价

中心城区	平均分	郊区新城及核心镇中心	平均分	郊区非新城	平均分
宝山	2.62	崇明城桥	3.75	宝山	3.19
虹口	3.21	嘉定新城	3.28	崇明	3.78
黄浦	3.16	金山滨海	3.00	奉贤	3.29
静安	3.15	临港新城	3.21	嘉定	3.24
闵行	2.77	南桥新城	3.47	金山	2.82
浦东	2.98	青浦新城	3.17	闵行	3.13
普陀	3.11	松江新城	3.34	浦东	3.22
徐汇	3.29	–	–	青浦	3.00
杨浦	2.90	–	–	松江	3.30
长宁	3.37	–	–	–	–
3.01		3.32		3.22	
0.95 ： 1.03 ： 1					

4.4.2　水污染治理情况

受调查者对上海水污染治理情况的评价总体较低，其中对中心城区和郊区新城水污染治理情况的评价相同，略高于郊区非新城，具体比值为 1.03：1.03：1，说明郊区在水污染治理情况上有待提高。

按照受调查者地域划分，对调查数据进一步分析，中心城区中受调查者对于水污染治理情况的评价较高的分别为长宁和黄浦区；对水污染治理情况评价较低的为浦东、宝山和闵行区。郊区新城及核心镇中心中，受调查者对于水污染治理情况的评价较高的为崇明城桥；对水污染治理情况评价较低的为临港新城。郊区非新城中，受调查者对于水污染治理情况的评价较高的为崇明区；对水污染治理情况评价较低的为青浦区（表 4–34）。

表 4–34　按区域划水污染治理情况评价

中心城区	平均分	郊区新城及核心镇中心	平均分	郊区非新城	平均分
宝山	3.05	崇明城桥	3.50	宝山	3.26
虹口	3.44	嘉定新城	3.25	崇明	3.38
黄浦	3.61	金山滨海	3.13	奉贤	3.20
静安	3.46	临港新城	3.00	嘉定	3.24
闵行	3.05	南桥新城	3.35	金山	3.05
浦东	2.95	青浦新城	3.24	闵行	3.17
普陀	3.25	松江新城	3.34	浦东	3.15
徐汇	3.26	–	–	青浦	2.95
杨浦	3.10	–	–	松江	3.06
长宁	3.51	–	–	–	–
3.27		3.26		3.14	
1.03 ： 1.03 ： 1					

4.4.3　垃圾分类情况

受调查者对上海垃圾分类情况的评价总体较低，其中对中心城区垃圾分类情况的评价略高于郊区新城，对郊区新城的评价略高于郊区非新城，具体比值为 1.04∶1.02∶1，说明上海在垃圾分类整体上有待提高。

按照受调查者地域划分，对调查数据进一步分析，中心城区中对垃圾分类情况评价最低的为浦东新区。郊区新城及核心镇中心中，受调查者对于垃圾分类情况的评价最低的为崇明城桥。郊区非新城中，受调查者对于垃圾分类情况的评价最低的为金山区（表 4–35）。

表 4–35　按区域划分垃圾分类情况评价

中心城区	平均分	郊区新城及核心镇中心	平均分	郊区非新城	平均分
宝山	2.86	崇明城桥	2.75	宝山	2.99
虹口	3.26	嘉定新城	3.26	崇明	3.05
黄浦	3.32	金山滨海	2.91	奉贤	3.16
静安	3.10	临港新城	3.07	嘉定	3.09
闵行	3.18	南桥新城	3.18	金山	2.82
浦东	2.57	青浦新城	3.14	闵行	2.92
普陀	3.32	松江新城	3.05	浦东	2.98
徐汇	3.26	–	–	青浦	2.90
杨浦	2.93	–	–	松江	3.10
长宁	3.29	–	–	–	–
3.11		3.05		3.00	
1.04 ∶ 1.02 ∶ 1					

4.5　本章小结

本章首先从整体和区域两个角度评价并分析了上海城乡发展中居民的感知受益度。结果表明：郊区新城的居民感知受益度明显高于中心城区居民和郊区非新城居民，这与近年来城市建设及相关政策着力于郊区新城有关；郊区非新城的居民感知受益度介于郊区新城和中心城区之间，这说明近 3~5 年的城乡统筹发展取得了一定成效，但其未来仍有很大的发展空间。值得注意的是，宝山区的中心城区部分居民感知受益度明显低于其郊区非新城部分。同样，青浦新城、金山滨海和松江新城的居民感知受益度明显高于其郊区非新城部分。奉贤的南桥新城和郊区非新城居民感知受益度均偏低，相对来说，嘉定的新城和非新城发展较为均衡，且整体居民受益情况良好。

然后，本章从经济、社会、生态三个方面，分别从经济发展、居民生活质量、基本公共服务、市容环境、社会保障和基础设施建设六个维度，评价和分析了上海城乡统筹发展的整体情况。如图 4-1 所示，从整体上看，在这六个维度中，每个维度都存在中心城区得分＞郊区新城得分＞郊区非新城得分的情况，这与我们通常的认知相符。具体来看，基础设施在六个维度中评价最高，且城乡居民评价差异也较小；市容环境在六个维度中评价最低，且中心城区和郊区新城得分接近，略高于郊区非新城；经济发展和基本公共服务是六个维度中城乡差距最大的，从中心城区、郊区新城到郊区非新城存在明显梯度下降；社会保障在六个维度中评分也偏低，但此项城乡差异较小；居民生活质量评价较高且城乡差异较小。

最后，本章进一步具体到六个维度下的三级指标层面，分别考虑上海居民对上海整体发展水平和城乡统筹发展水平的评价。

我们按各项指标的打分由低到高进行排序，得到了上海整体发展中居民评价最低的十个评价指标。其中，有 1 个指标与经济发展相关，为收入水平；有 5 个

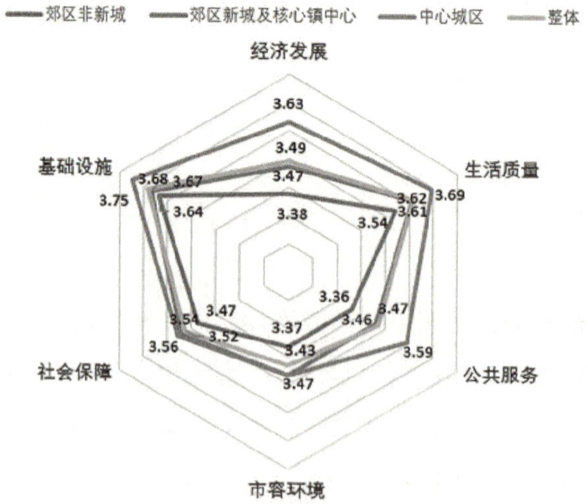

图 4-1　上海城乡统筹发展水平整体评价

指标与生态环境相关，包括垃圾分类、空气质量、水污染治理三个方面，可见目前生态环境问题是上海居民心中亟待解决的问题；有 4 个指标与社会发展相关，包括车位配置问题、道路通畅程度、住房保障问题和社区养老服务。

进一步将调查对象按所居住的区域分类，分成中心城区和郊区两大类，对回收的 1449 份有效调查问卷进行综合评价，并按城乡差距由大到小进行排序，得到上海城乡统筹发展中城乡差异最大的 10 个方面。所有指标中城乡发展水平评价差异最大的是交通发展状况，包括地铁网络密度和“最后一公里”覆盖；其余城乡差距较大的指标还包括医疗方面，包括医疗技术的差异和医疗机构数量的差异；另外还有商业和金融服务设施这些与居民生活质量相关的指标，也存在较大的城乡差异。

除此以外，也有一些指标是郊区的得分高于或等于中心城区的，包括食品安全状况、住房状况、道路通畅程度、车位配置数量和空气质量。在社会保障以及基础设施建设方面，中心城区和郊区获得的评价基本一致，说明上海在这些方面基本实现了城乡统筹。

第 5 章　上海城乡统筹发展水平区域评价

上文主要从城乡统筹评价指标层面，一一分析和总结了上海城乡统筹发展的整体情况和城市发展中存在的问题。本章主要从区域城乡统筹发展角度出发，进一步分析各个区域内，中心城区和郊区非新城、郊区新城和郊区非新城的统筹发展情况。

5.1　宝山：中心城区 VS 郊区非新城

居住在中心城区的宝山居民和郊区非新城的宝山居民分别对其所住区域的各项指标进行了打分，结果表明：在经济发展、生活质量、公共服务、市容环境、社会保障和基础设施六个方面，中心城区的得分都略低于郊区非新城（图 5-1）。这可能与宝山区政府位于郊区，以及宝山规划中着重强调黄浦滨江功能调整、拓展、整合和提升有关。

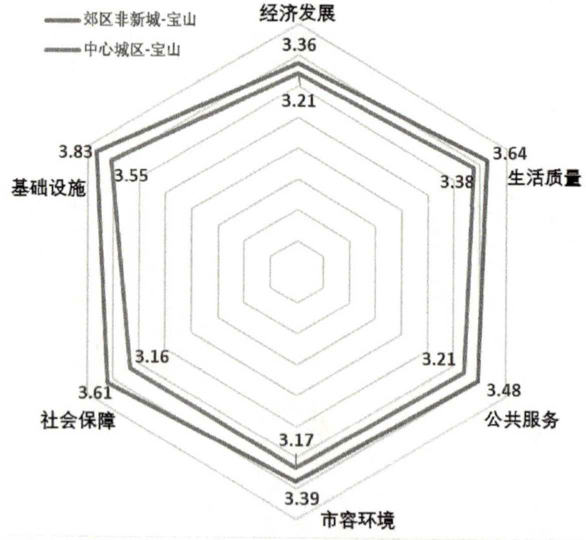

图 5-1　宝山区城乡统筹情况图

5.2　闵行：中心城区 VS 郊区非新城

居住在中心城区的闵行居民和郊区非新城的闵行居民分别对其所住区域的各项指标进行了打分，结果表明：在经济发展、生活质量、公共服务、市容环境、社会保障和基础设施六个方面，中心城区的得分都高于郊区非新城，尤其在基础设施和公共服务两个方面（图 5–2）。

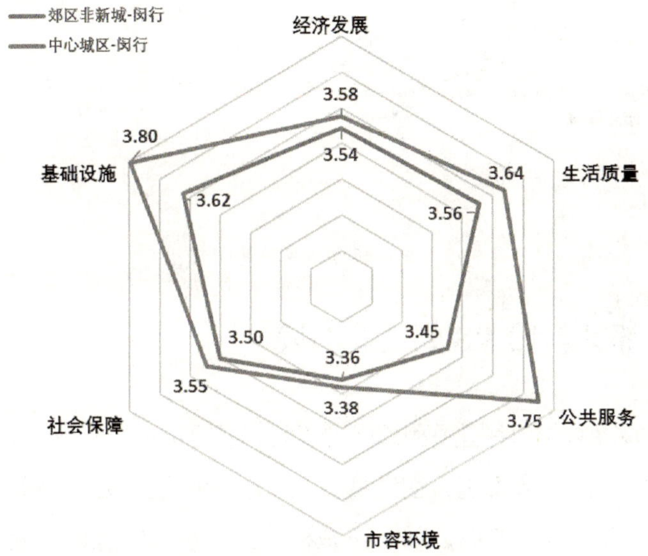

图 5–2　闵行区城乡统筹情况图

5.3　浦东：中心城区 VS 郊区新城 VS 郊区非新城

居住在中心城区的浦东居民、郊区非新城的浦东居民以及临港新城的居民分别对其所住区域的各项指标进行了打分，结果表明：在经济发展、公共服务、市容环境、社会保障和基础设施五个方面，都是临港新城的分数最高，而临港新城在生活质量方面分数最低；浦东的郊区非新城在经济发展、生活质量、公共服务、市容环境和社会保障五个方面的评价都高于浦东的中心城区（图 5–3）。

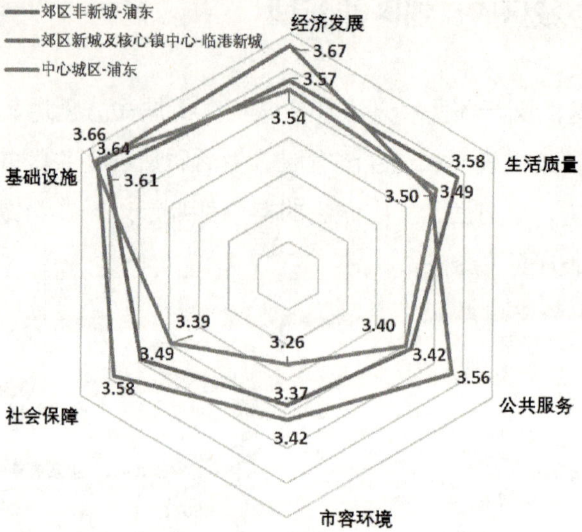

图 5-3　浦东新区城乡统筹情况图

5.4　崇明：郊区新城 VS 郊区非新城

居住在郊区新城的崇明居民和郊区非新城的崇明居民分别对其所住区域的各项指标进行了打分，结果表明：在经济发展、生活质量、公共服务、市容环境、社会保障和基础设施六个方面，郊区新城和郊区非新城的区别不大，崇明城桥仅在社会保障和公共服务两个方面略有优势，说明在崇明新城对非新新城的示范和带动作用不明显，新城建设有待进一步提高（图 5-4）。

5.5　嘉定：郊区新城 VS 郊区非新城

居住在嘉定新城的居民和嘉定郊区非新城的居民分别对其所住区域的各项指标进行了打分，结果表明：在经济发展、生活质量、公共服务、市容环境、社会保障和基础设施 6 个方面，嘉定新城的得分都远高于嘉定的郊区非新城（图 5-5）。这一方面体现出了嘉定新城的建设发展成果，另一方面反映出嘉定在经济、生态、社会各个方面都存在较大的城乡差距，需要进一步统筹城乡发展。

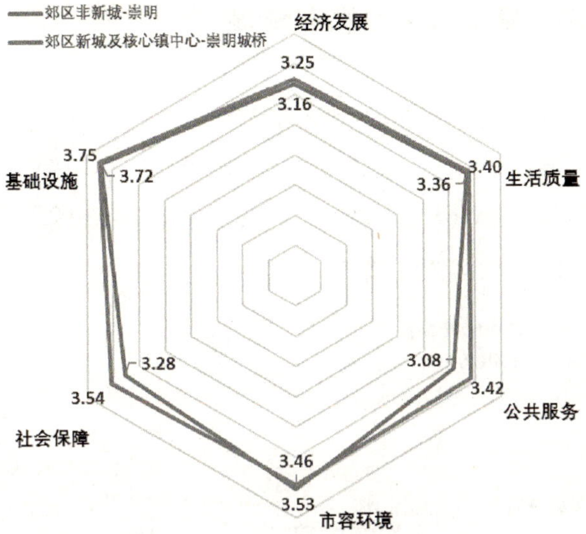

图 5-4　崇明区城乡统筹情况图

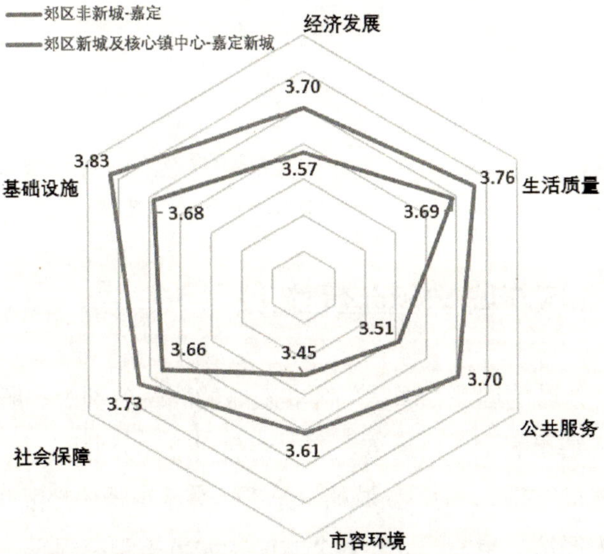

图 5-5　嘉定区城乡统筹情况图

5.6 金山：郊区新城 VS 郊区非新城

居住在金山滨海的居民和金山郊区非新城的居民分别对其所住区域的各项指标进行了打分，结果表明：在经济发展、生活质量、市容环境和基础设施 4 个方面，金山滨海的得分都略高于金山的郊区非新城；在社会保障和公共服务方面，郊区非新城的得分略高于金山滨海（图 5–6）。

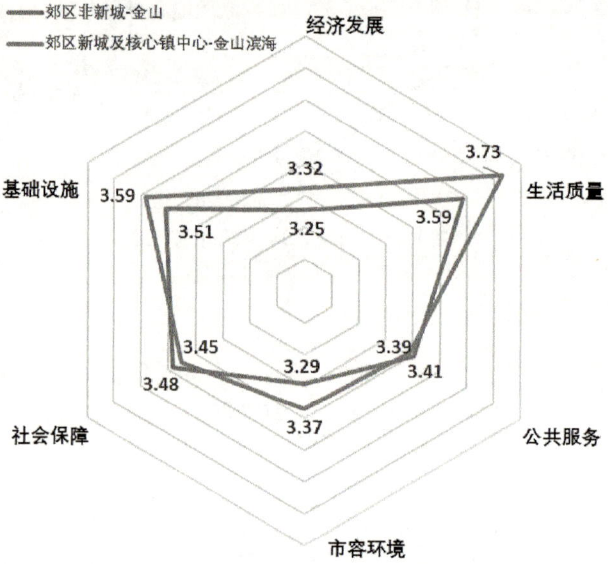

图 5–6 金山区城乡统筹情况图

5.7 奉贤：郊区新城 VS 郊区非新城

居住在南桥新城的居民和奉贤郊区非新城的居民分别对其所住区域的各项指标进行了打分，结果表明：在经济发展、生活质量、公共服务、市容环境、社会保障和基础设施 6 个方面，南桥新城的得分都远高于奉贤的郊区非新城（图 5–7）。可见，奉贤区内经济、生态、社会各个方面的城乡差距都很大，需要进一步统筹城乡发展。

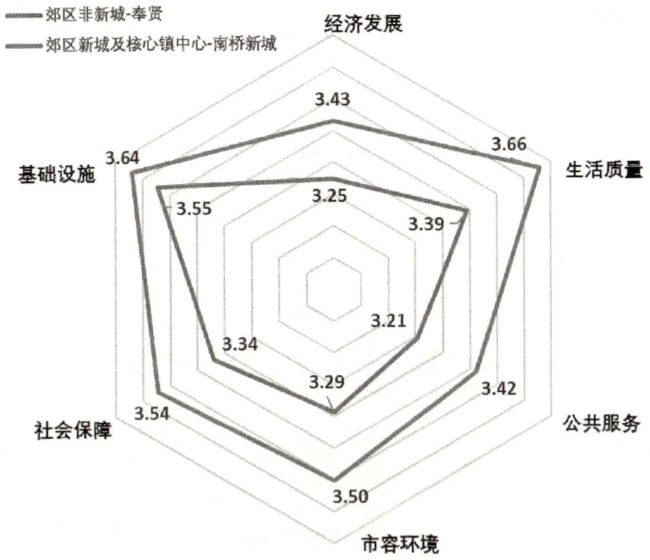

图 5-7　奉贤区城乡统筹情况图

5.8　青浦：郊区新城 VS 郊区非新城

居住在青浦新城的居民和青浦非新城的居民分别对其所住区域的各项指标进行了打分，结果表明：在经济发展、生活质量、市容环境和基础设施 4 个方面，青浦新城的得分都略高于青浦的郊区非新城；在社会保障和公共服务方面，郊区非新城的得分略高于青浦新城（图 5-8）。

5.9　松江：郊区新城 VS 郊区非新城

居住在松江新城的居民和松江非新城的居民分别对其所住区域的各项指标进行了打分，结果表明：在经济发展、生活质量、公共服务、市容环境、社会保障 5 个方面，松江新城的得分都远高于松江的郊区非新城；在基础设施方面，松江新城的得分略高于松江的郊区非新城（图 5-9）。可见，松江区内经济、生态、社会各个方面的城乡差距都很大，需要进一步统筹城乡发展。

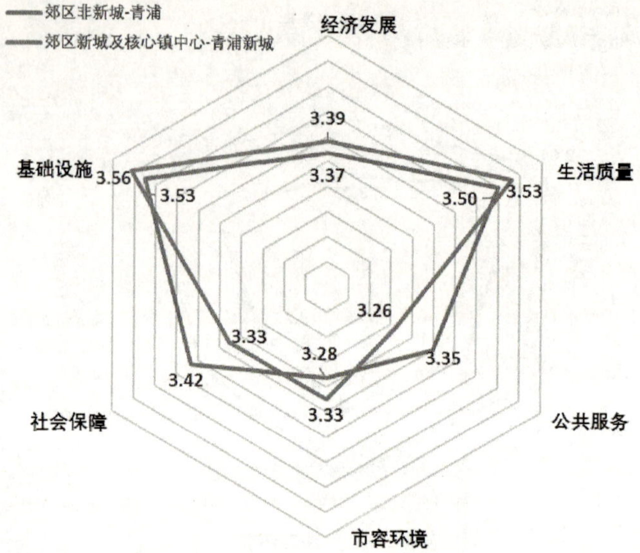

图 5-8　青浦区城乡统筹情况图

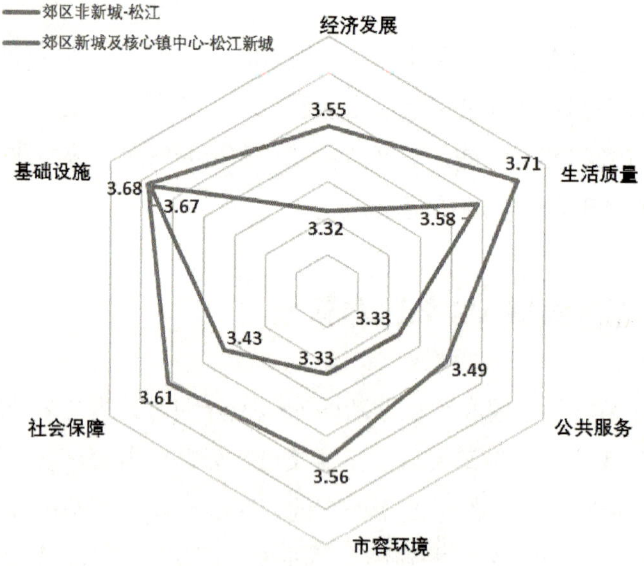

图 5-9　松江区城乡统筹情况图

5.10　本章小结

本章主要从经济、社会、生态三个方面，分别从经济发展、居民生活质量、基本公共服务、市容环境、社会保障和基础设施建设六个维度，分析了上海城乡统筹发展水平的区域情况。

通过各个区域在这六个维度的雷达图可以发现：闵行的中心城区在各维度上发展都好于郊区非新城，在基础设施和公共服务方面尤为突出，存在明显的城乡差距，需要进一步发挥中心城区对郊区非新城的辐射和带动作用，实现城乡统筹发展；同样，嘉定、奉贤和松江这三个区的郊区新城发展也明显好于其郊区非新城，故需进一步发挥新城对郊区非新城的辐射和带动作用。

金山和青浦的新城发展在大多数方面都好于其郊区非新城，在社会保障和公共服务两个方面略低于郊区非新城，整体上新城和非新城的差距不是很大；崇明新城和非新城几乎没有区别，且整体在经济发展和公共服务两个方面与其他区存在较大差距，所以崇明需要进一步在产业发展和公共服务这两个方面努力满足居民的需求。

值得注意的是，宝山和浦东的情况比较特殊。宝山郊区部分的居民评价普遍高于其中心城区，这与宝山的历史沿革、区位特征以及目前的规划着力点相关；同样，浦东临港新城的居民评价在除居民生活质量之外的五个维度都高于其中心城区，这与近年来临港新城产业的发展、创新与转型密切相关。

第 6 章 国内外经验借鉴

6.1 停车问题

6.1.1 东京

东京作为国际大都市，有 1350.73 万人口，拥有各类机动车约 450 余万辆，但很少遇到停车难的问题。因此，东京在车辆的停放和管理方面有许多可借鉴之处。

1）停车有法可依、违法必究

日本于 1962 年开始实施《关于确保汽车保存场所的法律》（简称《车库法》）。该法规定，购车者在购车时必须提供车库证明，确保在距离住宅直线距离 2 公里之内有存车场所。伪造车库证明、拥有汽车而没有停车位都属于违法行为。这样就大大降低了乱停车的概率。

对乱停车进行严厉处罚。从 2006 年开始，在东京道路两旁临时停车，只要司机没在车内，一概贴条罚款，每次罚款 1.5 万日元。白天在道路上停车 12 小时以上，夜间在道路上停车 8 小时以上，最高可以处 3 个月的刑期和 20 万日元的罚款。

2）完善的停车场配置

虽然东京面积狭小，但各种停车场：地面停车场、地下停车场、立体停车场到处可见。

东京在繁华的商业区会配套建设立体式停车场，这种停车场外表看上去像无窗户的柱形高楼。存车时管理人员把汽车开进一个铁框架内，一按电钮，车被送到楼内“储存”起来；取车时，管理人员再一按电钮，车就会被“调”出来。

在东京狭窄的地段，设有自动控制的两层铁架式停车场。电源一接通，上下铁架可易位。这种因地而建的停车场，使有限的空地取得双倍的效益。

3）成熟的公共交通系统

东京快捷便利的公共交通系统，为市民出行提供了便利。在东京中心区居住的人，步行 15 分钟之内即可找到适合出行的地铁、电车或其他公共交通工具，而且公共汽车和电车非常准时。

6.1.2　纽约与香港

美国大城市中只有很小一部分街道设置停车位，而且绝大部分由咪表（图 6–1）控制收费。咪表收费只接受硬币和信用卡，且停车限时。例如在纽约繁忙地段的咪表，投币后只能使用两个小时，一旦超时，咪表上就会显示大块红色标志，如果被执勤交警看到，就会招来罚单。

在香港，咪表停车位有严格的时间限制。黄色咪表需要每半小时付费一次，咖啡色咪表需要每一个小时付费一次，蓝色咪表需要每两个小时付费一次。若不付费或超时，就会被巡逻警察开罚单。

咪表停车禁止一次性付费，虽然增加了车主的麻烦，但可以迫使有长时间停车需求的车主主动把车停到停车场上。这样就增加了路边停车位的周转率，可以在一定程度上减少交通拥堵。

图 6–1　“咪表”

6.1.3　伦敦

伦敦市政府设有全市收费停车场网站，该网站列出了市中心工区露天停车场和地下及建筑内部停车场的位置、费用、车位数等信息。

车主可以在出门前，在该网站上预订自己的停车位和时间。这样，车主就不必费时寻找和比较，不仅省时省力、减少了街道上的车流和空气污染，同时也很好地保障了交通通畅。

6.1.4 济南

济南经四路沿线是济南最繁华的商圈之一，周边有万达广场、绿地广场、大观园等人流量密集的场所，车流量巨大。2017 年 10 月 31 日济南东图大厦后院新建的 10 座垂直循环停车库（图 6-2）投入使用，每个停车库共 7 层，有 12 个吊篮式停车位，总共可以容纳 120 辆机动车。车主在停取车时刷卡，只需十几秒就可以完成车辆的停放和领取。

图 6-2　济南投入使用的立体车库

6.2　垃圾分类问题

6.2.1　日本

日本是世界上垃圾分类工作做得很好的国家之一，其垃圾分类具有五个突出特点：

（1）有关垃圾分类的法律法规十分完备。日本制订了三个层次的法律来保障垃圾回收的实施。第一层次是基本法《促进建立循环社会基本法》。第二层次是综合性的两部法律，即 2001 年 4 月开始实施的《资源有效利用促进法》和 1970 年制定的《固体废弃物管理和公共清洁法》。第三层次是根据产品的性质制定的具体法律法规，如《家用电器回收法》《建筑及材料回收法》等。

（2）垃圾分类各参与主体的责任十分明确。日本通过法律明确了国家、地方政府、企业和民众各参与者所应承担的责任，日本《促进建立循环社会基本法》规定，国家的责任主要在于制订关于建立循环型社会的基本原则。地方政府的责任则是根据国家制订的基本原则，采取必要措施，确保可循环资源得到适当的循环和处置。企业的责任是根据国家制订的基本原则，采取必要措施，在其经营活动中，尽量减少废弃物的产生。公众与企业一样，有责任尽可能长期使用产品、使用循环物品。同时，公众也有责任协助国家或者地方政府实施有关建立循环型社会的政策和措施，对企业采取的分类收集措施予以配合，主动为建立循环型社会做出自己的努力。

（3）政府承担了大量细致的工作。日本政府除了保证垃圾收集、搬运、中转等环节的正常运转，以及从事垃圾处理设施的维护、管理、运营等常规事务外，政府还采取了一系列的手段，强化垃圾减量化、资源化分类及处理。如，每年印发垃圾分类收集的资料，并以“日历”的形式发给公众，在“日历”中标注各类垃圾收集的时间、回收方法及联系方式，公众在一年中都要按照“日历”丢放垃圾。

（4）充分调动民众的参与积极性。日本政府很早就对中、小学进行环境教育，把垃圾问题纳入小学社会课课本。垃圾要分类、要定时定点扔垃圾，早已成为家喻户晓、老幼皆知的规矩，完全融入生活的方方面面。

（5）采取一定的强制性措施。如，日本根据垃圾的性质将回收垃圾的时间也进行了分类，避免了大家的混装。居民一旦错过某种垃圾的丢放时间，得等待下一次垃圾车的来临。这种强制性措施的实施，很好地促使了日本国民垃圾分类意识的形成。

6.2.2 美国

美国作为世界上最为发达的市场经济体制国家，垃圾分类充分借助了市场的力量，通过经济利益驱动，促进全民进行垃圾分类。如，美国旧金山为了在全市推广垃圾分类，除了大力加强宣传之外，还采取了两种方式区别收取垃圾费。一是按垃圾丢弃量的多少收取，每户居民每月扔的垃圾多，垃圾费就高，反之则低，这样可以抑制垃圾总量的产生，促进居民自身对垃圾进行再循环处理；二是按丢弃的垃圾是否进行分类区别收取，如果居民对丢弃的垃圾主动进行了分类，则收取垃圾费时就可以按比例打折。显然，这种物质利益和垃圾丢弃行为直接挂钩的方法，直接促进了实施垃圾分类政策的自觉性和积极性。

6.2.3 德国

德国在垃圾分类回收利用方面走在了世界的前列，他们的很多方法值得借鉴。德国有比较完善的法律法规来保障垃圾分类工作，如《废弃物处理法》《废物分类包装条例》《循环经济与废弃物处理法》《可再生能源法》等，并强化配套相关实施条例。德国从垃圾回收到循环应用主要还是通过私营回收公司完成的。由于法规严密，执行到位，德国政府通过垃圾分类有效地实现大量有用垃圾资源的回收和利用。加之财政政策的支持，使得参与其中的私营公司盈利颇丰，从而实现环境保护、资源利用，参与公司盈利几方共赢的结局。比如在汉堡，每年年初，地方主管机构都会将新一年的“垃圾清运时间表”和“垃圾分类说明”挨家挨户地投到各家的信箱，以方便居民遵照执行。每个生活社区设置专门的轻型包装物回收箱，还有三个成套的专门收旧玻璃的回收桶，分别收集透明、褐色、绿色的玻璃瓶罐。通常在每个小区也设立专门的收集箱。居民还可以按时间表的规定时间，将旧纸捆扎好摆放在自己家附近的街道边，回收公司会及时收取，一般每月一至两次。对金属易拉罐和一次性饮料瓶等回收率较低的容器，实行押金制度。

6.3 空气质量问题

在治理雾霾的问题上，国外许多发达国家有很多很好的经验值得我们学习和借鉴。

6.3.1 日本

20 世纪初，日本进入高速发展时期，经济发展以钢铁业和采矿业为主。工业的发展给环境带来了巨大的压力。

在这种情况下，日本政府开始重视环境问题。先是开始调集专家分析大气污染的原因，得出的结论主要是由于光化学烟雾造成，污染的主要来源是工厂和汽车所排放的废气。找到根本原因后，政府开始分阶段进行治理。前 20 年主要聚焦在对工厂的治理上，后 30 年致力于汽车污染治理，同时在治理期间，日本政府一直注重城市的绿化。

1）工厂治理

在针对工厂的治理上，主要是针对工厂烟囱排放出来的气体硫化氢等有害物质。日本政府根据工厂烟囱高度、工厂所在区域大气污染状况等，制定相应的排放标准。

2）控制排量污染

工厂造成的大气污染治理取得阶段性胜利后，日本政府着手治理汽车尾气。日本政府让科研机构与汽车厂商共同改良汽车引擎，将其升级为性能好、排放量低的引擎，淘汰耗油高、排放量大的汽车。

6.3.2 美国

作为最发达国家的美国，曾因为 1943 年的“洛杉矶光化学烟雾事件”和 1948 年的“美国多诺拉烟雾事件”被全世界广泛关注。这两次雾霾事件的发生，都是由于工业排放烟雾造成的大气污染公害事件。为了治理大气污染，美国采取了大量措施，走过了漫长之路。美国防治大气污染的主要措施如下。

1）成立专门的空气质量管理机构

1970 年，美国成立环境保护署（Environmental Protection Agency，简称 EPA）。在 EPA 的领导下，对大气污染实行划区域管理。将全国各州划分成十个大的地理区域，设立区域办公室作为 EPA 的代表，对所辖区域的综合性环保工作进行监督，在这些州内代表 EPA 执行联邦的环境法律、实施 EPA 的各种项目，协调州与联邦政府的关系，以促进跨州区域性环境问题的解决。

2）出台法规为空气污染防治提供法律保障

1970 年，联邦政府通过了《清洁空气法》，法案规定由联邦政府制定空气质量标准，列出了空气污染物质名单，制定了车辆监测、燃料生产等多项规定。1971 年，美国政府又颁布了《国家环境空气质量标准》，要求对 6 种空气污染物进行管制。

3）实时监测小颗粒

美国环保署 1997 年根据《清洁空气法案》，又设立了专门针对大气 PM2.5 含量的标准，以便更好检测空气中的细小颗粒物。美国对 PM2.5 的管理重点是严密监控、实时公开、立法规范。

其他措施还包括引入空气污染排放交易机制、开发空气污染治理先进技术、提高民众环境保护意识等。

6.3.3 英国

1952 年底，伦敦著名的“伦敦烟雾事件”给公众生活造成了一个巨大的冲击。这样惨痛的教训加强了英国人整顿环境的决心，催生了英国首部空气污染防治法案《清洁空气法案》。这一法案规定城镇使用无烟燃料，推广电和天然气，冬季采取集中供暖，发电厂和重工业设施被迁至郊外等。1974 年的《控制公害法》又囊括了从空气到土地和水域的保护条款，添加了控制噪音的条款。相继颁布的法令严格执行，成为“雾都”获得新生的保证。

6.4　水污染问题

6.4.1　日本

日本政府对水资源问题高度重视，水资源开发利用保护等重大事项由内阁会议和总理大臣亲自审定。具体措施为：

一是严格立法，明确水污染控制对象。《水质污染防治法》的控制对象是往公共水域排水的工厂或企业。水质污染防治的制度和措施包括排放标准控制（浓度控制和总量控制）、排水设施和排水情况申报制度、违反排放标准的强制措施等。

二是对某些特殊区域实施排水总量控制。对下列事项实施总量控制：流入该水域的污染源，或上游县等内陆区域的污染不能取得控制效果的；对大负荷量的生活排水考虑不周全的；对因新增设施致使排放负荷量增大及稀释排放不能采取有效对策的。总量控制的项目、水域、地域由政令指定。

三是完善的水质监测体制。据《水质污染防治法》规定，都道府县知事负责公用水域水质的日常监测所需费用，而环境厅则负责有关编写监测计划费用和公用水域水质检验的费用。

四是污水处理。在都道府县综合协调下，要求市町村建立完善的生活污水处理设施，开展生活污水治理工作，国家则承担普及知识和支援地方政府的责任。对未能保证水质环境标准的地区，由都道府县指定为生活污水对策重点地区，并要求所属市町村拟定生活污水处理设施和生活污水对策推进计划，并按计划执行。

6.4.2　美国

美国水污染治理通过确立多种水污染控制制度，从而形成有效的水污染控制和管理模式。其主要采取以下措施。

一是通过严格立法，确立命令控制型为主体的水污染控制体系。20 世纪 70 年代初，美国逐步扩大了联邦政府控制水污染的环境管辖权，形成了以联邦机构制定水污染控制基本政策和污水排放标准，由各州负责实施的强制性管理制度。各州依据联邦水污染立法制定本州的水污染控制立法和标准，但各州的立法和标准至少要达到联邦立法的水平。各州之上建立联邦环保局，统领全国的水污染控制工作和水污染控制法律的实施，监督各州和地方政府对联邦立法的执行。

二是实施排污许可证管理制度。美国实施排污许可证管理制度，由 EPA 或在许可证计划中获批准的州给每个排污者颁发排污许可证。污染者应遵守排污许可证中为其规定的各种限制，否则即为违法。排污许可证主要包括：污染物浓度的规定，允许排放的废水量，治理方法、计划的有关规定，监测计划的规定，不允许排放的污染物的规定。

三是辅助性政策和手段。为弥补命令控制型管理模式的不足，美国在水污染控制中还引入了相应的辅助手段：一种是将大气污染控制中的排污权交易推广到污水控制中；另一种是通过公众听证、公众诉讼等形式引入公众参与、监督和推动水污染治理工作，对命令控制和经济刺激机制形成有效补充。

四是污水处理。美国污水处理主要由地方环保机构（县、市环保机构）负责建设和运营。污水处理厂的建设资金由联邦政府和州政府按一定的比例提供，运营资金由处理厂靠收取污水处理费解决。运营方式采取企业化方式或委托经营方式，很少有私营方式。污水回用方式主要有农业灌溉、环保方面、工业用水、环境美化、地下水再生与补充。

6.4.3 德国

德国政府和民间组织很重视水资源保护，特别是在节约用水和净化废水方面成效比较显著。主要措施有：

一是通过法律手段，强化水资源管理。德国《水资源管理法》对城镇和企业的取水、水处理、用水和废水排放标准都有明确的规定。各州也据此制定了具体的水法规，对地下水的抽取量、抽水地点及时间等都有具体规定和实行许可证制度。

二是通过经济手段，提高水资源利用效率。德国政府保护水资源的主要经济手段包括：规定自来水价格、征收生态税和污水排放费以及对私营污水处理企业减税等。实施经济手段不仅促使居民节约用水，而且工业部门也设法提高水的重复利用率，降低水消耗。

三是大力推广节水新技术，进行全方位节水。一方面，德国对各类用水设施进行节水技术改造，除了生产节水型的洗衣机、洗碗机外，对抽水马桶和公共场所的便池等进行技术改进；另一方面建立节水基金，用于资助节水工程措施及研究项目。

四是建设污水处理设施，提高污水处理率。一方面是提高城市下水管网普及率，德国城市下水管网普及率平均为 87.7%，公共下水管网总长共 395 000km；另一方面是建立大量的污水处理厂，德国有大小污水处理厂 10390 座，日排污水量为 1 000 万立方米。

6.5　医疗保障问题

6.5.1　日本

日本的医疗保障制度体系以社会保险为主，主要由雇员健康保险制度、国民健康保险制度和特殊行业健康保险制度以及老年卫生服务计划和私人医疗保险制度组成。

雇员健康保险有两类，分别由企业和政府管理。企业管理的健康保险机构负责管理大企业（固定员工达到 700 人以上的企业可设立一个健康保险机构）员工的医疗保险，政府管理的健康保险机构负责管理中小企业员工的医疗保险。

国民健康保险覆盖农民、个体经营者、失业者和退休人员以及家属，在 1960 年就实现全覆盖。国民健康保险由地方政府负责管理，保险费的缴纳标准根据不同收入水平确定，中央和地方政府给予一定的补贴。

特殊行业雇员健康保险主要是针对四类人群，即海员、中央与地方公务员、私立学校教师等。

针对老龄化，日本于 1973 年规定 70 岁以上老人享受免费医疗。

这四种社会医疗保险制度覆盖了所有居民，实现全民都有医疗保险。资金主要来源于税收、雇主和雇员缴纳的医疗保险费、财政补贴。

6.5.2 美国

美国是唯一未提供全民医疗保险的发达国家，美国的医保体系以商业医疗保险为主。医疗服务供给以私立医疗机构为主。

政府通过医疗照顾计划（Medicare）补贴长者和残疾人，通过医疗补助计划（Medicaid）补贴低收入者，通过儿童医疗保险计划（Children’s Health Insurance Program，简称 CHIP）补贴儿童。

但是在美国仍有约 15%~20% 的美国居民没有任何医疗保险，这正是美国政府推行新医改的主要原因。新医改的核心问题就是要扩大医保覆盖面，规定国民必须购买医疗保险，无法负担者将获资助，医保范围可涵盖 95% 的美国公民。另外，加强对商业保险的监管，规定保险公司不得因投保者有过往病史而拒保或收取高额保费，不得对投保人的终身保险赔付金额设置上限。政府通过一定的补贴，鼓励非营利性医疗保险的发展。

6.5.3 英国

英国于 1948 年开始实施《国民医疗服务法》，建立国民医疗保健系统（National Health Service，简称 NHS），其核心是政府包办，推行全民免费的医疗制度。经费的主要来源是税收，也由部分来自私人保险。医疗服务覆盖全面，医疗标准的提供对全体国民一视同仁，真正实现了均等化。但随着人们医疗需求的扩大，英国模式逐渐暴露出效率低的问题。如，人们常把小病当大病看，造成医疗资源浪费。

为提高效率并削减开支，2011 年，英国推行新医改。内容主要是：撤销 151 家初级卫生保健信托机构（Primary Care Trusts，简称 PCTs），大约 600 亿 ~800 亿英镑的医疗保健基金将转移到由全科医生组成的联盟中。从 2013 年起，全科医生联盟将管理 NHS 预算，负责为患者安排就诊医疗，购买医疗设备和护理服务等。整个运作过程由一个新设立的 NHS 委员会监管。撤销英格兰地区的 10 家卫生战略管理局（Strategic Health Authorities，简称 SHAs），建立新的 NHS 委员会代行其职责。引入竞争机制，鼓励私营医疗机构参与 NHS 体系提供医疗服务。

6.5.4　德国

德国是世界上第一个建立社会医疗保险的国家。医疗服务的供给以私立医疗机构为主，国家通过推行强制性健康保险计划筹集大部分医疗费用。德国现行的医疗保障制度体系包括法定医疗保险、法定护理保险、私人医疗保险和针对特定人群的福利型医疗保障等。法定医疗保险是主体，覆盖了 90% 以上的人口。法定护理保险主要用于因伤病或者残障事故导致在日常生活中需要他人持续照顾的人员的医疗护理和生活服务费用。这两者的资金都来源于雇员和雇主按一定收入比例的缴费。法定保险实行“一人保全家”的原则，即一人保险，全家受益，没有工资收入的配偶和子女同样可以享受免费医疗的待遇。私人医疗保险主要是针对收入超过一定标准的人群。福利型医疗保障主要针对享受工伤保险待遇及社会救济对象、战争受害者、公务员、警察和联邦国防军等特定对象，其医疗服务费用直接由政府承担。

6.6　本章小结

本章就调研中反映出来的停车难问题、垃圾分类问题、空气质量问题、水污染问题和医疗保障问题，广泛参考各类文献和专著，总结了国内外相关治理经验，以供政府决策参考。

停车难问题主要来源于车位供给和需求的不匹配，一方面可以建议政府适当延后道路停车位夜间开放的时间，并进一步推动商场、写字楼停车位的夜间开放，扩大停车资源共享范围。另一方面，也可仿照伦敦政府，将所有露天停车场和地下及建筑内部停车场的位置、费用、车位数等信息集合在一个网站、公众号或者 App，车主可以在出门前，在该网站上预订自己的停车位和时间。这样，车主就不必费时寻找和比较，不仅省时省力、减少了街道上的车流和空气污染，同时也很好地保障了交通通畅。

垃圾分类在我国才刚刚起步，上海作为超一线城市也没有在垃圾分类上有所突破。要做好垃圾分类需要从制度、教育、宣传等多方面着手，发挥政府和市场的力量。一方面可以借鉴德国、日本等国的经验，进一步完善地方性法规，从制度上明确各参与主体的责任和目标，并在试点地区加强执行力度。另一方面，针对我国居民目前垃圾分类意识淡薄的特点，还可以通过加强宣传教育，专人定点巡逻，逐步形成符合市民习惯的垃圾分类方式。

空气污染问题解决的第一步是查明污染来源。根据以往研究总结出，上海空气污染有四大来源：第一是流动源，包括车、船、航空器、飞机和非移动道路机械；第二是工业生产，上海工业非常发达，有发电厂、钢铁厂、石化厂、飞机制造厂及造船厂等，排放相应就多；第三是燃煤，主要集中在发电和炼钢；第四是扬尘，主要来源于道路和工地。根据上海空气污染的实际情况，结合国内外其他城市治理空气污染的经验，首先需要加强对机动车尾气排放的综合治理；其次建议政府参考日本等国，实行更加严格的工地防扬尘规定。

水污染问题主要分为严格控制污染源头和有效处理水污染两个方面。在这一过程中可以考虑借鉴包括德国莱茵河、英国泰晤士河等地区的治理经验，引入生态文明多元治理思维，使得市场、群众和民间组织共同参与治理过程。例如设置水质工作组、生态工作组、排放标准工作组、防洪工作组和可持续发展规划工作组等，邀请居民、企业、专家等人共同参与制订治理的方案。

医疗保障方面，上海在医疗资源配置方面已经向郊区及农村地区倾斜，郊区各类医疗机构的数量与质量上都有所增长，但医疗资源配置与人口分布仍旧严重不匹配。一方面，需要政府一定力度的财政支持，包括加大对社区医疗卫生机构基础设施建设、医疗设备采购的投入力度等；另一方面，加强卫生人才队伍建设，通过内培外引，制定相应激励政策，使高水平的基层医生能“留得住、用得上”；最后，应逐步落实分级诊疗制度，按照患者疾病的轻重缓急及治疗的难易程度进行分级，不同级别的医疗机构承担不同疾病的治疗，逐步实现从全科到专业化的医疗过程，形成“小病在社区，大病进医院，康复回社区”的就医格局。

第 7 章　调研结论与政策建议

7.1　主要调研结论

通过回收的 1449 份有效调查问卷，并对上海城乡统筹发展的整体和区域水平进行综合评价后，我们发现上海城乡统筹发展中存在的主要问题如下。

1）城乡二元差距仍旧明显

（1）中心城区与郊区差距仍旧明显。从城市整体角度看，在经济发展、生活质量、公共服务、市容环境、社会保障与基础设施这六个评价城乡统筹发展的维度中，中心城区的得分（分别为 3.63 分、3.69 分、3.59 分、3.47 分、3.56 分与 3.75 分）均高于郊区的得分（分别为 3.40 分、3.55 分、3.38 分、3.39 分、3.49 分与 3.67 分），说明上海城乡二元的结构依旧客观存在。

（2）郊区新城与郊区非新城差距逐渐拉大。从郊区内部角度看，在经济发展、生活质量、公共服务、市容环境、社会保障与基础设施这六个评价城乡统筹发展的维度中，郊区新城及核心镇中心的得分（分别为 3.47 分、3.61 分、3.46 分、3.47 分、3.54 分与 3.67 分）均高于郊区非新城的得分（分别为 3.38 分、3.54 分、3.36 分、3.37 分、3.47 分与 3.64 分），说明上海郊区新城及核心镇中心与郊区非新城之间产生了一定的分化过程。

2）城乡整体市容环境水平亟待提高

在评价城乡统筹发展水平的六个维度中，市容环境的整体评分为 3.43 分，为所有维度中评分最低。同时，在分调查区域的评价中这一维度的评分也大多位列末端，说明这是上海各区面临的共同问题。对其子项进一步细分后发现，受访者对垃圾分类、空气质量与水污染治理三类问题评价最低，得分分别为 3.05 分、3.20 分与 3.21 分。课题组在经过一系列调查后发现，上述问题具体表现在：

（1）城乡垃圾分类机制尚不完善，居民分类意识有待加强。一是居民对环保要求不断提高与环境治理能力相对不足之间的矛盾愈加凸现，有关垃圾收集、分类、运输及清洗等硬件大多陈旧有待更新，基层环保责任体系与监测监管执法能力也不够。二是居民垃圾分类的意识大多比较薄弱，据上海社会科学院 2015 年发布的居民社区生活状况调查报告，仅 6.5% 的上海居民表示“完全实行了垃圾分类”，而表示“从未实行过垃圾分类”的居民比例达 32.1%。

（2）城乡空气质量仍有改进空间，郊区扬尘情况严重。一是上海庞大的常住人口带来较高的污染排放量。目前，上海超过 2 000 万的常住人口每年消耗高达 1.14 亿吨标准煤与 4 850 万吨煤炭的能源消费总量，使得污染物排放总量仍处于较高水平。二是空气扬尘污染严重。课题组在实地调研中，也接到部分居民反映称上海部分郊区的空气扬尘污染严重，主要来源则包括建筑工地施工车辆碾压裸露土地、施工作业扬尘及车辆带泥上路等。

（3）城乡水污染治理问题，特别需要加强郊区中小河道的污染治理。一是上海主要水体含氮、磷普遍超标。其中苏州河 7 个断面中有 6 个断面水质为劣 V 类、1 个为 V 类，水体中氨氮浓度约 2.5mg/L。二是部分郊区中小河道污染严重。课题组在调研中发现，许多乡镇村级河道都存在河道淤积、水流条件差、河水发绿发臭等问题，严重影响居民的基本工作与日常生活。

3）郊区的公共服务较城区相比存在较大差距

在评价城乡统筹发展水平的六个维度中，中心城区、郊区新城及核心镇中心与郊区非新城在公共服务维度的评分比值为 1.07：1.03：1，说明公共服务是目前城乡统筹情况较为薄弱的环节。对其子项进一步细分后发现，评分比值差距较大的包括地铁网络密度（1.26：1.01：1）、“最后一公里”覆盖”1.16：1.03：1）、医疗机构数量（1.09：1.03：1）与医疗技术水平（1.1：1.03：1）。课题组在经过一系列调查后发现，上述问题具体表现在：

（1）郊区的出行状况还需改善。一是市域轨道交通线与郊区地域广、布局相对分散的特点不相适应。上海的部分郊区如崇明、金山、奉贤和青浦等没有或只有一条通往市区的轨道交通，往往在高峰时期非常拥挤。同时也有部分居民反映 9 号线、11 号线、16 号线存在车厢编组较少以及运行间隔时间较长的问题。二是郊区局部交通网络有待加强。这既包括了从主要地铁站到居住镇及村庄“最后一公里”接驳问题，也包括了郊区之间的区区对接道路或交通方式不足，这也是实地调研中居民反映较多的一点。

（2）郊区的医疗资源配置不足，农村基层医疗机构缺失。一是郊区人口与医疗资源不匹配。目前上海郊区常住人口约占全市的 70%，然而医院床位数却只占约 45%，医疗资源配置与人口分布仍旧严重不匹配。二是农村基层医疗机构主体缺失。课题组在实地调查走访中发现，部分农村居民反映上海在“五违”整治中关停了许多农村私人诊所，却未能及时配备同类基层医疗机构，同时镇中心医院相对距离较远，导致他们在面对感冒、腹泻等日常疾病时无法及时获得治疗药物，对生活造成一定不便。此外，医疗与养老问题一直以来具有密不可分的联系，而随着农村“空巢老人”“留守老人”现象的日益严重，医疗机构和医疗资源也成为农村老人尤其关心的重要问题。

4）部分区域的薄弱环节比较明显

（1）宝山的城乡统筹发展水平存在倒挂现象。一方面，宝山郊区居民对过去 3~5 年城乡统筹发展的满意度超过中心城区居民。仅有 42.8% 的宝山中心城区居民认为从过去 3~5 年城乡统筹发展中受益，这一比例仅列全城第 25 位；而在宝山郊区非新城区域，这一比例则达到了 65.0%，高居全城第 7 位、郊区非新城中第 1 位。另一方面，在经济发展中的收入水平与就业情况选项中，宝山的中心城区得分依次仅为 3.00 分与 3.19 分，明显低于所有中心城区的平均得分 3.47 分与 3.62 分，显示多数受访者对宝山中心城区的经济发展不够满意。

（2）崇明整体发展水平偏低，城桥作为核心镇中心带动效应不明显。一方面，在评价城乡统筹发展的六个维度中，除社会保障与公共服务外，剩余四个维度崇明城桥与其郊区非新城差别不大，说明崇明城桥的示范和带动作用不明显，新城建设有待进一步提高。另一方面，崇明整体在经济发展和公共服务两个方面与其他区存在较大差距，例如在经济发展中的就业选项中，崇明城桥仅得到 2.86 分，远低于所有郊区新城及核心镇中心的平均得分 3.35 分；而在公共服务中的“最后一公里”覆盖、医疗技术水平与体育健身设施等选项中，崇明的郊区非新城得分依次为 2.24 分、2.86 分与 2.97 分，远低于所有郊区非新城的平均得分 3.21 分、3.31 分与 3.36 分。

7.2 主要政策建议

1）合理把握发展方向优化城镇乡村发展布局

（1）进一步发挥新城在优化空间、集聚人口、带动发展方面的作用。一是要持续推动新城成为相对独立、产城融合、集约紧凑、功能混合、生态良好的城市。二是要提高新城人口密度与基础设施建设标准，加强其与周边工业园区、大型居住区的联系，提升服务业发展水平，进一步扩散其在就业、居住、公共服务等领域的先行优势，带动周边镇村共同发展。

（2）完善镇域规划，启动特色小镇建设。一是要完善城乡规划体系，加快编制镇域规划、郊野单元规划和村庄规划。二是要按照人口规模和区域位置，针对不同类型、层次和规模的镇分类施策，因地制宜启动一批特色小镇建设，使之成为上海城乡统筹发展的重要载体。

（3）加快建设美丽宜居乡村，深化农村各项改革。一是要改善农村人居环境，加强农村生态环境治理，保护传统风貌和自然环境。二是要进一步转变乡村生产生活方式，逐步开展乡村建设。鼓励部分农村地区开展集体经济组织产权制度改革试点或示范区，以乡村振兴战略实现城乡融合发展。

2）持续推进全市市容环境综合整治

（1）确保垃圾分类切实有效推行。一是要完善和宣传与垃圾分类相关的法律法规。建议在试点区域推行垃圾分类奖惩机制，对不按规定进行垃圾分类投放的个人或组织采取惩罚措施而对正确处理的则提供奖励措施。二是要实行垃圾排放合同制管理。建议在试点区域内率先对餐饮企业和公共单位建档立卡，推行垃圾排放合同制管理。三是要落实垃圾分类投放责任人制度，建立市府主导、区级监管的管理机制，并将之纳入年度考核。

（2）加大空气污染治理力度。一是要有效控制能源消耗总量，优化能源消耗结构。严格控制能源总量，实施全市能源消耗和煤炭消耗双总量控制。二是要有效改善空气扬尘问题。对建筑施工全过程进行监控，包括建筑工地以“喷洒化学抑尘剂”代替“裸露土地喷淋”、强化监督车辆自动冲洗装置使用，运输渣土采用全密闭车辆，施工作业全过程采用“防尘布包围”等。

（3）全面提升水环境质量。一是要继续提高城镇污水处理能力和水平。加快推进中心城区与郊区城镇污水处理厂提标改造和新建、扩建工程，确保按不同功能区域的水环境水质要求达到一级 A 及以上标准。二是要加大郊区镇村地区水污染治理力度。建议引进多元化主体参与水污染监督与治理，在各乡镇建设小型污水处理厂，完善污水处理厂一、二级配套管网，加强截污纳管力度。

3）加快实现郊区公共服务均等化

（1）进一步完善郊区公共交通整体布局。一是要继续建设和完善轨道交通网络，包括提升郊区轨道交通的运量与运力、建设多层次轨道交通体系、加强郊区之间的交通对接力度。二是要推进郊区“最后一公里”公交线网的布设。包括推进新城有轨电车网络构建和项目建设、打通郊区内部微循环、缩小共享交通产品在市区与郊区的“贫富差距”，特别在郊区率先试点建设“公交优先 + 共享出行”的交通体系。

（2）健全郊区医疗资源配置体系。一是要加强农村基层正规医疗机构建设，争取做到每个村都有一个定点提供基本医疗服务的正规机构。同时，通过“内培外引”结合的方式，全面提升乡村医生的整体素质及服务水平。二是要加强郊区“医养结合”机构建设。建议在农村地区试点建设“医养结合”类机构，可以考虑引入私人医院、产业基金等社会力量参与农村医养结合的建设，鼓励社会组织探索农村养老服务模式、服务农村老人。

4）推动薄弱区域采取针对性整改措施

重点是深入分析部分区域存在薄弱环节的成因并因地制宜形成解决方案。

一方面，如果各区自身能够解决，市级层面应加大指导和督促力度，尽快解决。以宝山为例，目前宝山出现的中心城区与郊区非新城城乡统筹发展水平倒挂的现象，很可能与宝山的历史沿革、区位特征以及目前的规划着力点有关。因此建议下一阶段逐步开展吴淞工业区整体转型及庙行、大场、顾村和杨行等老镇旧区改造工作，加强中心城区建设。

另一方面，如果区县自身难以解决，市级层面可在政策、资金等方面予以一定倾斜，加大支持和帮扶力度，协助解决有关问题。以崇明为例，目前崇明定位为“世界级生态岛”，其建设用地迄今占比仅为 17.4%，也无法引进高附加值的产业，自然经济发展与公共服务等各项指标均较低。因此建议在坚守生态红线的原则下，由市级层面牵头加大财政投入以吸引国内外高层次人才，引进绿色产业，提升生态发展能级等。

5）建立健全保障机制确保政策有效落实

（1）明确市、区分工协同推进城乡统筹发展，切实做好组织保障。一是市有关部门要立足城乡一体、打破条块分割、统筹整合资源，各部门形成工作合力，指导和统筹城乡发展各项工作。二是各地区有关部门要切实履行职责，根据自身情况因地制宜研究制定具体措施，缩小本区域城乡差距。三是进一步完善城乡一体化发展目标，将其纳入政府督查工作体系，加强跟踪、检查、抽查及考核工作，发现问题及时协调解决，定期报告目标执行情况。

（2）增加城乡公共事业建设等的资金投入，有效做好资金保障。一是加大财政对农村基础设施建设和“三农”的倾斜力度，加大各类资金的整合力度，最大限度发挥资金的使用效率。二是优化城乡统筹的资金投入机制，坚持政府主导、市场运作的方式，在基础设施和社会事业建设等领域充分引入社会资本共同参与，提升相关服务质量。

参考文献

[1] Jorgenson D W, Griliches Z. The explanation of productivity change[J]. The review of economic studies, 1967, 34（3）: 249–283.

[2] Todaro M P. A model of labor migration and urban unemployment in less developed countries[J]. The American economic review, 1969, 59（1）: 138–148.

[3] Friedmann J, Sullivan F. The absorption of labor in the urban economyThe case of developing countries[J]. Economic Development and Cultural Change, 1974, 22（3）: 385–413.

[4] Boudeville J R, Boudeville J R. Planning and the rural economy[J]. Lunivers Rural Et La Planification, 1968.

[5] Friedmann J, Douglass M. 7 - Agropolitan developmenttowards a new strategy for regionl planning in asia[J]. Growth Pole Strategy & Regional Development Policy, 1978: 163–192.

[6] Abu–Lughod J. Urban–rural differences as a function of the demographic transitionEgyptian data and an analytical model[J]. American Journal of Sociology, 1964, 69（5）: 476–490.

[7] Schultz T P. Rural–urban migration in Colombia[J]. The Review of Economics and Statistics, 1971: 157–163.

[8] Harris J R, Todaro M P. Migration, unemployment and developmenta two–sector analysis[J]. The American economic review, 1970, 60（1）: 126–142.

[9] Friedmann J, Sullivan F. The absorption of labor in the urban economyThe case of developing countries[J]. Economic Development and Cultural Change, 1974, 22（3）: 385–413.

[10] Buttel F H，Flinn W L. The structure of support for the environmental movement，1968–1970[J]. Rural Sociology，1974，39（1）：56.

[11] Tremblay K R，Dunlap R E. Rural–urban residence and concern with environmental qualityA replication and extension[J]. Rural sociology，1978，43（3）：474.

[12] Stöhr W B. Development from above or below? The dialectics of regional planning in developing countries[J]. Urban Studies，1981，19（4）：430–432.

[13] Rondinelli D A，Evans H. Integrated regional development planningLinking urban centres and rural areas in Bolivia[J]. World Development，1983，11（1）：31–53.

[14] Douglass M. A regional network strategy for reciprocal rural–urban linkagesan agenda for policy research with reference to Indonesia[J]. Third World Planning Review，1998，20（1）：1.

[15] Gottmann J. Organisation for Economic Cooperation and Development，"Urban Policies in JapanA Review by the" OECD "Group on Urban Affairs Undertaken in 1984/85 at the Request of the Government of Japan"（Book Review）[J]. Town Planning Review，1987，58（2）：217.

[16] Mcgee T G. Desakota// The International Encyclopedia of Geography[M]. John Wiley & Sons，Ltd，2017.

[17] Peirce N R，Johnson C W，Hall J S. CitistatesHow urban America can prosper in a competitive world[J]. Columbia Law Review，1993，98（3）：665–694.

[18] Keeble D，Tyler P. Enterprising behaviour and the urban–rural shift[J]. Urban Studies，1995，32（6）：975–997.

[19] Rodriguez A G，Smith S M. A comparison of determinants of urban，rural and farm poverty in Costa Rica[J]. World Development，1994，22（3）：381–397.

[20] Tröster C. Manuel Castells Netværksbyen mellem strømmenes og stedernes rum[J]. Samfundstænkere，1989.

[21] Partridge M D，Ali K，Olfert M. Rural - to - Urban CommutingThree Degrees

of Integration[J]. Growth and Change，2010，41（2）：303−335.

[22] Bah M，Ciss é S，Diyamett B，et al. Changing rural－urban linkages in Mali，Nigeria and Tanzania[J]. Environment and Urbanization，2003，15（1）13−24.

[23] Ann T W，Wu Y，Shen J，et al. The key causes of urban−rural conflict in China[J]. Habitat International，2015，49，65−73.

[24] 陈城. 是社会主义城市化，还是城乡一体化 [J]. 求索，1984（6）：7−12.

[25] 戴式祖. 城乡一体化是经济社会发展的大趋势 [J]. 城市问题，1988（4）：27−29.

[26] 李迎生. “差别发展”：我国城乡发展的最佳战略选择 [J]. 未来与发展，1990（3）：39−42.

[27] 杨善民. 现代化：城乡发展的战略选择. 评费孝通先生的小城镇理论 [J]. 山东社会科学，1990，（2）：81−86.

[28] 马清学. 城乡统筹 适度集中——论我国农村剩余劳动力的非农就业 [J]. 河南职技师院学报，1992（4）：65−67.

[29] 任扶善 . 城乡统筹是解决就业问题的正确方针 [J]. 经济与管理研究，1995（6）：9−10.

[30] 过维钧. 太湖地区农村生态经济协调发展途径的探讨——以苏州市吴县城乡发展的典型为例 [J]. 环境科学技术，1991（1）：5−12.

[31] 马恩成. 珠江三角洲的乡村工业化、城市化与农业现代化、城乡一体化 [J]. 中国农村经济，1995（8）：47−49.

[32] 张叶. 小城镇发展对城乡一体化的作用 [J]. 城市问题，1999（1）：9−12.

[33] 胡进祥. 统筹城乡发展的科学内涵 [J]. 学术交流，2004（2）：113−120.

[34] 王华，陈烈. 西方城乡发展理论研究进展 [J]. 经济地理，2006，26（3）. 463−468.

[35] 刘荣增. 城乡统筹理论的演进与展望 [J]. 郑州大学学报(哲学社会科学版)，2008（4）：63−67.

[36] 赵英丽. 城乡统筹规划的理论基础与内容分析 [J]. 城市规划学刊，2006(1)：32−38.

[37] 陈鹏. 基于城乡统筹的县域新农村建设规划探索 [J]. 城市规划，2010（2）：47-53.

[38] 朱允卫，黄祖辉. 经济发展与城乡统筹互动关系的实证分析：以浙江省为例 [J]. 农业经济问题，2006（5）：9-14.

[39] 程开明. 从城市偏向到城乡统筹发展：城市偏向政策影响城乡差距的 Panel Data 证据 [J]. 经济学家，2008（3）：28-36.

[40] 章也微. 城乡统筹发展的公共卫生筹资机制研究 [J]. 农村经济，2005（3）：74-76.

[41] 李海金. 农村公共产品供给、城乡统筹与新农村建设 [J]. 东南学术，2007（2）：46-53.

[42] 杨振宁. 城乡统筹发展与城镇化关系的实证研究：基于安徽的数据 [J]. 农业经济问题，2008（5）：49-54.

[43] 李岳云，陈勇，孙林. 城乡统筹及其评价方法 [J]. 农业技术经济，2004（1）：24-30.

[44] 潘竟虎，尹君. 基于 DEA-ESDA 的甘肃省城乡统筹发展效率评价及其空间差异分析 [J]. 经济地理，2011（9）：1439-1444.

[45] 雷弢，孙龙. 近十年来北京市城区居民生活质量之变迁——对 1991 年与 2001 年两次抽样调查的比较分析 [J]. 北京社会科学，2004（1）：102-107.

[46] 李银星. 吉林省农村居民生活质量评价研究 [D]. 吉林大学，2006.

[47] 陈世平，乐国安. 城市居民生活满意度及其影响因素研究 [J]. 心理科学，2001，24（6）：664-666.

[48] 胡荣华，陈琰. 农村居民生活满意度的影响因素分析 [J]. 统计研究，2012，29（5）：79-83.

[49] 王婷. 浙江省城乡统筹与经济发展关系实证研究 [J]. 西部论坛，2008，18（3）：32-35.

[50] 曹扬，于峰，康艺凡. 基于整合 AHP/DEA 方法的城乡统筹评价 [J]. 统计与决策，2011（24）：58-60.

[51] 杜茂华，刘锡荣. 城乡统筹发展评价指标体系构建及其应用：以重庆市区县

统筹为例 [J]. 西南大学学报（社会科学版），2010，36（3）：125-131.

[52] 黄庆华，王钊，姜松. 城乡统筹发展水平测度及动态研判：以重庆市为例 [J]. 农业技术经济，2012（2）：99-108.

[53] 陈美婷，匡耀求，黄宁生. 广东省城乡统筹发展时空演变研究 [J]. 广东农业科学，2014 41（13）：214-219.

[54] 高燕飞. 基于因子分析的陕西省城乡统筹水平研究 [J]. 赤峰学院学报（自然版），2013（22）：56-57.

附录　上海城乡统筹发展情况调查问卷

亲爱的市民，您好！

近年来，上海正逐步推进城乡间经济、社会和环境的统筹发展，进而建立起健康和谐的城乡关系。希望通过以下问题了解您对上海城乡统筹发展情况的看法和建议，以供政府相关部门参考。完成整个问卷不到 10 分钟，采用匿名方式，感谢您的支持！

上海社会调查研究中心同济分中心

2017 年 6 月

---

1. 您的年龄：

□ 18 ~ 25 岁　□ 26 ~ 40 岁　□ 41 ~ 55 岁　□ 56 ~ 65 岁　□ 65 岁以上

2. 您的教育：

□初中及以下　□高中及同等学历　□大专及本科　□硕士及以上

3. 您的户籍：

□上海城镇户口　□上海农村户口　□外地城镇户口　□外地农村户口

4. 您在上海的居住年限：

□ 2 年以内　□ 2 ~ 5 年　□ 6 ~ 10 年　□ 10 年以上

5. 您在上海哪个区居住?

①中心城区（位于外环线之内）

□黄浦　□徐汇　□长宁　□静安　□普陀　□虹口　□杨浦　□闵行

□宝山　□浦东

②郊区新城及核心镇中心

□临港新城　□嘉定新城　□青浦新城　□松江新城　□南桥新城

□金山滨海　□崇明城桥

③郊区非新城（位于外环线及郊区新城之外）

□浦东　□闵行　□宝山　□嘉定　□青浦　□松江　□金山　□奉贤　□崇明

6. 您目前居住房屋的类型：

租赁房：□市场租赁房　□廉租房　□公共租赁房

产权房：□共有产权房　□动迁安置房　□商品住宅　□自建住宅

□房改房　□其他

7. 您认为您（及您的家庭）是否在上海过去 3~5 年的城乡发展中受益?

□受益很多　□有所受益　□受益不大　□没有受益

8. 您对上海郊区近 3~5 年来发展水平的变化趋势如何评价：

	显著提高	有所提高	无明显变化	有所下降	显著下降
①经济发展水平	□	□	□	□	□
②医疗服务水平	□	□	□	□	□
③义务教育水平	□	□	□	□	□
④交通便捷程度	□	□	□	□	□
⑤公共文化服务	□	□	□	□	□

9. 您对目前您居住区域经济发展水平的评价：

	非常好	比较好	一般	不好	很不好
①产业发展情况	□	□	□	□	□
②就业情况	□	□	□	□	□
③收入水平	□	□	□	□	□

10. 您对目前您居住区域居民生活质量的评价：

	非常好	比较好	一般	不好	很不好
①金融服务设施情况	□	□	□	□	□
②商业购物设施	□	□	□	□	□
③金融服务设施	□	□	□	□	□
④食品安全状况	□	□	□	□	□
⑤社会治安状况	□	□	□	□	□

11. 您对目前您居住区域基本公共服务的评价：

	非常好	比较好	一般	不好	很不好
①公交站点设置	□	□	□	□	□
②公交发车频次	□	□	□	□	□
③医疗技术水平	□	□	□	□	□
④“最后一公里”覆盖	□	□	□	□	□
⑤道路通畅程度	□	□	□	□	□
⑥车位配置数量	□	□	□	□	□
⑦医疗机构数量	□	□	□	□	□
⑧医疗技术水平	□	□	□	□	□
⑨中小学教学质量	□	□	□	□	□
⑩公共文化设施	□	□	□	□	□
⑪体育健身设施	□	□	□	□	□
⑫社区养老服务	□	□	□	□	□

12. 您对目前您居住区域基本社会保障体系的评价：

	非常好	比较好	一般	不好	很不好
①失业保障	□	□	□	□	□
②养老保障	□	□	□	□	□
③医疗保障	□	□	□	□	□
④住房保障	□	□	□	□	□
⑤生育保障	□	□	□	□	□
⑥工伤保障	□	□	□	□	□

13. 您对目前您居住区域市容环境的评价：

	非常好	比较好	一般	不好	很不好
①区域规划布局	□	□	□	□	□
②市容市貌	□	□	□	□	□
③历史建筑保护	□	□	□	□	□
④特色风貌保护	□	□	□	□	□

⑤空气质量	□	□	□	□	□
⑥水污染治理	□	□	□	□	□
⑦垃圾分类	□	□	□	□	□

14. 您对目前您居住区域基础设施的评价：

	非常好	比较好	一般	不好	很不好
①道路设施	□	□	□	□	□
②产业发展情况	□	□	□	□	□
③垃圾收集设施	□	□	□	□	□
④抗灾防灾设施	□	□	□	□	□
⑤供水设施	□	□	□	□	□
⑥供电设施	□	□	□	□	□
⑦燃气设施	□	□	□	□	□
⑧通讯网络设施	□	□	□	□	□

15. 您认为促进上海郊区发展最重要的三项措施：

□强化郊区新城辐射功能　　□引导郊区特色产业发展

□加强郊区城镇就业集聚　　□改善郊区医疗卫生条件

□加大郊区教育事业投入　　□加大郊区基础设施投入

□强化郊区交通网络支撑　　□完善郊区社会保障体系

□改善郊区生态环境质量　　□增强郊区社会文化氛围

□其他

16. 您认为优化上海中心城区发展最重要的三项措施：

□提升郊区新城发展水平

□构建区域城际交通网络

□搬迁劳动密集、非高端、低效产业

□疏解中心城区高教、医疗等非核心功能

□加大中心城区基础设施投入

□改善中心城区生态环境质量

□增强中心城区社会文化氛围

□其他

17. 您对上海郊区今后的发展有何建议?

我们的调查结束了，再次向您表示感谢！对我们的调查有什么建议、意见或要求，欢迎写在上面。

内容提要

本书以问卷调查的方式，从经济、社会和生态三个维度对上海城乡统筹发展的状况进行评价，并针对性地提出了政策建议。本书内容丰富、数据翔实、研究方法先进、见解独到且结论明确，适合作为高年级本科生、研究生以及城市发展与管理、房地产相关专业教师的参考资料，也可供政府相关部门进行政策决策时参考。

图书在版编目（CIP）数据

上海城乡统筹发展调查与评价 / 施建刚等著 . -- 上海：同济大学出版社，2018.12

ISBN 978-7-5608-8241-3

Ⅰ. ①上… Ⅱ. ①施… Ⅲ. ①城乡建设—调查研究—上海 Ⅳ. ① F299.275.1

中国版本图书馆 CIP 数据核字（2018）第 268113 号

上海城乡统筹发展调查与评价

施建刚　唐代中　黎　琳　毛剑豪　著

责任编辑　姚烨铭　　责任校对　徐春莲　　封面设计　张　微

出版发行　同济大学出版社　www.tongjipress.com.cn

（地址：上海市四平路 1239 号　邮编：200092　电话：021-65985622）

经　　销　全国各地新华书店

印　　刷　江苏凤凰数码印务有限公司

开　　本　787mm × 960mm　1/16

印　　张　5.75

字　　数　115 000

版　　次　2018 年 12 月第 1 版　　2018 年 12 月第 1 次印刷

书　　号　ISBN 978-7-5608-8241-3

定　　价　45.00 元